汽车维修易查易学丛书

汽车数据流分析与故障诊断

主　编　李昌凤

机械工业出版社

《汽车数据流分析与故障诊断》可帮助读者认识并熟知汽车数据流与波形，掌握汽车数据流与波形获取方法，以及数据流与波形分析方法，最终能熟练掌握通过汽车数据流与波形分析排除汽车电子控制系统故障的技能。全书分为五章，主要内容包括汽车数据流与波形基础知识、发动机数据流与波形的分析及故障诊断、底盘电控系统数据流与波形的分析及故障诊断、汽车电器数据流与波形的分析及故障诊断、汽车电源系统数据流与波形的分析及故障诊断。

本书易学实用、通俗易懂，可读性和可操作性强，可供从事汽车维修的广大读者学习使用。

图书在版编目（CIP）数据

汽车数据流分析与故障诊断/李昌凤主编. —北京：机械工业出版社，2018.6（2024.3 重印）
（汽车维修易查易学丛书）
ISBN 978-7-111-59754-4

Ⅰ.①汽… Ⅱ.①李… Ⅲ.①汽车-电子系统-控制系统-故障诊断 Ⅳ.①U472.41

中国版本图书馆 CIP 数据核字（2018）第 082871 号

机械工业出版社（北京市百万庄大街 22 号　邮政编码 100037）
策划编辑：杜凡如　责任编辑：杜凡如　刘　煊
责任校对：肖　琳　封面设计：马精明
责任印制：郜　敏
中煤（北京）印务有限公司印刷
2024 年 3 月第 1 版第 12 次印刷
184mm×260mm・11 印张・268 千字
标准书号：ISBN 978-7-111-59754-4
定价：35.00 元

凡购本书，如有缺页、倒页、脱页，由本社发行部调换

电话服务	网络服务
服务咨询热线：010-88361066	机 工 官 网：www.cmpbook.com
读者购书热线：010-68326294	机 工 官 博：weibo.com/cmp1952
010-88379203	金 书 网：www.golden-book.com
封面无防伪标均为盗版	教育服务网：www.cmpedu.com

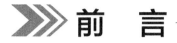
前 言

随着汽车电子技术的飞速发展，汽车的智能程度越来越高，使得汽车上很多电子控制系统都可以通过数据流来反映它的工作性能。为了让广大汽车维修工更好地掌握汽车数据流分析知识，我们特意编写了本书来满足大家的学习需要。

本书突出诊断和分析两方面的技能，结合案例进行阐述，重点教会汽车维修工利用汽车数据流与波形对汽车电子控制系统进行诊断和分析，从而快速地排除汽车的疑难杂症。全书分为五章，主要内容包括汽车数据流与波形基础知识、发动机数据流与波形的分析及故障诊断、底盘电控系统数据流与波形的分析及故障诊断、汽车电器数据流与波形的分析及故障诊断、汽车电源系统数据流与波形的分析及故障诊断。

本书从实际应用出发、条理清晰、资料翔实、图文结合、易学实用、通俗易懂，可读性和可操作性强，可供从事汽车维修的广大读者学习使用。

本书由李昌凤主编，参加编写的人员还有李富强、李素红、朱其福、陈春燕。在本书编写过程中，得到了许多汽车维修企业以及广大技师朋友的大力支持和协助，并参阅了大量的相关资料，在此表示诚挚的感谢！

由于编者水平有限，书中难免有不足之处，恳请广大读者批评指正，以便再版时补充完善。

编　者

目 录

前言

第一章 汽车数据流与波形基础知识 ································· 1
第一节 汽车数据流基础 ··· 1
一、汽车数据流的概念 ·· 1
二、汽车数据流的作用 ·· 1
三、汽车数据流的类型 ·· 1
四、汽车数据流的分析方法 ··· 2
第二节 汽车波形基础 ··· 4
一、汽车波形的概念 ·· 4
二、汽车波形的作用 ·· 4
三、汽车波形的类型 ·· 5
四、汽车波形的分析方法 ·· 5
第三节 汽车数据流与波形读取设备及使用 ····························· 6
一、汽车故障诊断仪 ·· 6
二、汽车专用数字式万用表 ··· 11
三、汽车专用示波器 ·· 12

第二章 发动机数据流与波形的分析及故障诊断 ················· 14
第一节 燃油控制系统数据流与波形 ····································· 14
一、燃油控制系统数据流分析 ·· 14
二、燃油控制系统波形分析 ··· 17
三、燃油控制系统数据流与波形诊断思路 ······························· 18
四、燃油控制系统数据流与波形故障诊断实例 ·························· 19
第二节 进气状态数据流与波形 ·· 22
一、进气状态数据流分析 ·· 22
二、进气状态波形分析 ·· 25
三、进气状态数据流与波形诊断思路 ···································· 28
四、进气状态数据流与波形故障诊断实例 ······························· 30
第三节 点火系统数据流与波形 ·· 32
一、点火系统数据流分析 ·· 32

二、点火系统波形分析 ·· 34
　　三、点火系统数据流与波形诊断思路 ·· 35
　　四、点火系统数据流与波形故障诊断实例 ··· 36
第四节　排放控制系统数据流与波形 ·· 39
　　一、排放控制系统数据流分析 ·· 39
　　二、排放控制系统波形分析 ·· 43
　　三、排放控制系统数据流与波形诊断思路 ··· 44
　　四、排放控制系统数据流与波形故障诊断实例 ······································ 45
第五节　发动机其他数据流与波形 ··· 49
　　一、发动机其他数据流分析 ·· 49
　　二、发动机其他波形分析 ·· 53
　　三、发动机其他数据流与波形诊断思路 ··· 55
　　四、发动机其他数据流与波形故障诊断实例 ·· 55
第六节　发动机控制单元（ECU）数值参数 ·· 58
　　一、丰田车系发动机控制单元（ECU）数值参数 ···································· 58
　　二、本田车系发动机控制单元（ECU）数值参数 ···································· 61
　　三、马自达车系发动机控制单元（ECU）数值参数 ································· 64
　　四、大众车系发动机控制单元（ECU）数值参数 ···································· 66
　　五、通用车系发动机控制单元（ECU）数值参数 ···································· 82

第三章　底盘电控系统数据流与波形的分析及故障诊断 ············· 89

第一节　自动变速器数据流与波形 ·· 89
　　一、自动变速器数据流与波形分析 ··· 89
　　二、自动变速器数据流与波形诊断思路 ··· 96
　　三、自动变速器控制单元数值参数 ··· 97
　　四、自动变速器数据流与波形故障诊断实例 ·· 107
第二节　电动转向控制系统数据流 ··· 110
　　一、电动转向控制系统数据流分析 ··· 110
　　二、电动转向控制系统数据流诊断思路 ··· 112
　　三、电动转向控制系统数据流诊断实例 ··· 113
第三节　ABS 数据流 ·· 115
　　一、ABS 数据流分析 ··· 115
　　二、ABS 数据流诊断思路 ·· 120
　　三、ABS 数据流故障诊断实例 ·· 120

第四章　汽车电器数据流与波形的分析及故障诊断 ··················· 124

第一节　组合仪表系统数据流 ··· 124
　　一、组合仪表系统数据流分析 ·· 124
　　二、组合仪表系统数据流诊断思路 ··· 128

三、组合仪表系统数据流故障诊断实例 …………………………………………… 129
第二节　自动照明系统数据流 ………………………………………………………… 130
　　一、自动照明系统数据流分析 …………………………………………………… 130
　　二、自动照明系统数据流诊断思路 ……………………………………………… 131
　　三、自动照明系统数据流故障诊断实例 ………………………………………… 133
第三节　门锁系统数据流 ……………………………………………………………… 134
　　一、门锁系统数据流分析 ………………………………………………………… 134
　　二、门锁系统数据流诊断思路 …………………………………………………… 135
　　三、门锁系统数据流故障诊断实例 ……………………………………………… 135
第四节　汽车空调数据流与波形 ……………………………………………………… 137
　　一、汽车空调数据流分析 ………………………………………………………… 137
　　二、汽车空调波形的分析 ………………………………………………………… 141
　　三、汽车空调数据流与波形诊断思路 …………………………………………… 141
　　四、汽车空调控制单元（ECU）数值参数与主动测试 ………………………… 143
　　五、汽车空调数据流与波形故障诊断实例 ……………………………………… 145
第五节　汽车电器其他系统数据流 …………………………………………………… 147
　　一、汽车电器其他系统数据流分析 ……………………………………………… 147
　　二、汽车电器其他系统数据流诊断思路 ………………………………………… 149
　　三、汽车电器其他系统数据流故障诊断实例 …………………………………… 150
第六节　车身控制单元（BCM）数值参数诊断 ……………………………………… 151
　　一、马自达轿车车身控制单元（BCM）数值参数 ……………………………… 151
　　二、北京现代轿车车身控制单元（BCM）数值参数 …………………………… 152
　　三、长城哈弗轿车车身控制单元（BCM）数值参数 …………………………… 154
　　四、通用轿车车身控制单元（BCM）数值参数 ………………………………… 157

第五章　汽车电源系统数据流与波形的分析及故障诊断 ………………………… 159

第一节　蓄电池控制系统数据流与波形的分析 ……………………………………… 159
　　一、蓄电池控制系统数据流分析 ………………………………………………… 159
　　二、蓄电池控制系统波形分析 …………………………………………………… 160
　　三、蓄电池控制系统数据流与波形诊断思路 …………………………………… 160
　　四、蓄电池控制系统数据流与波形故障诊断实例 ……………………………… 160
第二节　交流发电机数据流与波形故障诊断 ………………………………………… 163
　　一、交流发电机数据流分析 ……………………………………………………… 163
　　二、交流发电机波形分析 ………………………………………………………… 163
　　三、交流发电机数据流与波形诊断思路 ………………………………………… 164
　　四、交流发电机数据流与波形故障诊断实例 …………………………………… 164

参考文献 ………………………………………………………………………………… 169

第一章　汽车数据流与波形基础知识

第一节　汽车数据流基础

一、汽车数据流的概念

汽车数据流是指汽车电子控制单元（ECU）与传感器和执行器交流的数据参数。它是通过汽车诊断接口，由专用诊断仪读取的数据，且随时间和工况而变化。数据的传输就像人们排队一样，一个一个通过数据线流向诊断仪，供维修人员读取，如图1-1所示。

图1-1　数据流

二、汽车数据流的作用

汽车电子控制单元（ECU）中所记忆的数据流真实反映了各传感器和执行器的工作电压和状态，为汽车故障诊断提供了依据。数据流只能通过专用诊断仪器读取。汽车数据流可作为汽车ECU的输入输出数据，使维修人员随时了解汽车的工作状况，及时诊断汽车的故障。

此外，读取汽车数据流可以检测汽车各传感器的工作状态，并检测汽车的工作状态，通过数据流还可以设定汽车的运行数据。

三、汽车数据流的类型

1）根据各数据在诊断仪上显示方式的不同，数据参数可分为数值参数和状态参数两大类型。

① 如图1-2所示，数据参数是有一定单位、一定变化范围的参数，它通常反映出电控装置工作中各部件的工作电压、压力、温度、时间、速度等。

② 如图1-3所示，状态参数是那些只有两种工作状态的参数，如开或关、闭合或断开、高或低、是或否等，它通常表示电控装置中的开关和电磁阀等元件的工作状态。

2）根据ECU的控制原理，数据参数又分为输入参数和输出参数两大类型。

① 输入参数是指各传感器或开关信号输入给ECU的各个参数。输入参数可以是数值参数，也可以是状态参数。

② 输出参数是ECU送出给各执行器的输出指令。输出参数大多是状态参数，也有少部分是数值参数。

图1-2 数据参数

图1-3 状态参数

此外，数据流中的参数可以按汽车电器和发动机的各个系统进行分类，不同类型或不同系统的参数的分析方法各不相同。在进行电控装置故障诊断时，还应当将几种不同类型或不同系统的参数，进行综合对照分析。

注意：不同品牌及不同车型的汽车，其电控装置的数据流参数的名称和内容都不完全相同，具体应以诊断仪显示的汽车数据流参数为准。

四、汽车数据流的分析方法

汽车数据流分析方法主要有数值分析法、时间分析法、因果分析法、比较分析法和关联分析法五种。

1. 数值分析法

数值分析是对数据的数值变化规律和数值变化范围的分析，即数值的变化，如转速、车速以及计算机读值与实际值的差异等，可以通过诊断仪读取这些信号参数的数值加以分析，如图1-4所示。例如：对于发动机不能起动（起动系统正常）的情况，应注意观察发动机的转速信号（用诊断仪），因大多数发动机控制系统在对发动机进行控制时，都必须知道发动机的转速（发送信号的方式各车型会不同），否则将无法确定发动机是否在转动，当然也就无法计算进气量，并进行点火及喷油的控制。

图1-4 数值分析

2. 时间分析法

诊断仪在分析某些数据参数时，不仅要考虑传感器的数值，而且要判断其响应的速率，以获得最佳效果。例如：氧传感器的信号（图1-5），不仅要求有信号电压的变化，而且信号电压的变化频率在一定时间内要超过一定的次数（如某些车要求6~10次/s），当小于此值时，就会产生故障码，表示氧传感器响应过慢。三元催化转化器前、后氧传感器的信号变化频率是不一样的，通常后氧传感器的信号变化频率至少应低于前氧传感器的一半，否则可能是三元催化转化器效率已减低了。

3. 因果分析法

因果分析法是对相互联系的数据进行分析。在各个系统的控制中，许多参数是有因果关系的。如 ECU 得到一个输入信号，定要根据此输入信号给出下一个输出指令，在认为某个过程有问题时可以将这些参数连贯起来观察，以判断故障出现的部位。例如：在自动空调系统中，通常当按下空调开关后，该开关并不是直接通空调压缩机离合器，而是该开关信号作为空调请求后空调选择信号被发送给发动机控制单元（ECU），发动机控制单元（ECU）接收到此信号后，检查是否满足设定的条件，若满足，就会向压缩机继电器发出控制指令，接通继电器，使空调压缩机工作，所以当空调不工作时，可观察在按下空调开关后，A/C 请求信号（图 1-6）、空调允许、A/C 继电器等空调参数的状态变化，来判断空调系统的故障点。

4. 比较分析法

比较分析法是对相同车型及系统在相同条件下的相同数据组进行分析（如图 1-7 所示，车辆 A 和车辆 B 的 TPS 传感器电压数据）。在很多时候，没有足够的详细技术资料和详尽的标准数据，无法很正确地断定某个器件好坏。此时可与同类车型或同类系统的数据加以比较。当然在修理中，很多人会使用部件替换法进行判断，这也是一种简单的方法。

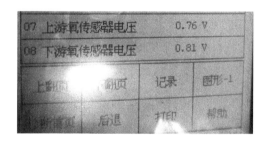

图 1-5　氧传感器的信号

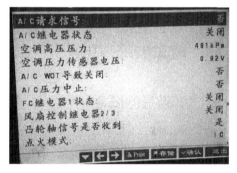

图 1-6　空调参数的状态

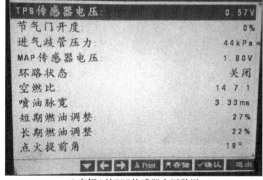

a) 车辆A的TPS传感器电压数据

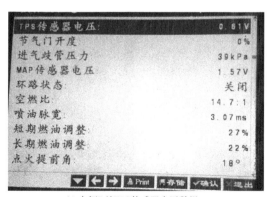

b) 车辆B的TPS传感器电压数据

图 1-7　比较分析法

注意： 用部件替换法检查时，首先应进行一定的基本诊断。在基本确定故障趋势后，再替换被怀疑有问题的部件，不可一上来就换这换那，其结果可能是换了所有的器件，仍未发现问题。再一个必须注意的是用于替换的器件一定要确认是良好的，而不一定是新的，因新的未必是良好的，这是做替换实验的基本原则。

5. 关联分析法

ECU 对故障的判断是根据几个相关传感器的信号进行比较，当发现它们之间的关系不合理时，会给出一个或几个故障码，或指出某个信号不合理。此时不要轻易断定是该传感器不良，需要根据它们之间相互关系传感器的数据流做进一步的检测，以得到正确结论，如图 1-8 所示。例如：在汽车维修中有时会给出节气门位置传感器信号不正确，但不论用什么方法检查，该传感器和其设定值都无问题。而若能认真地观察转速信号（用仪器或示波器），就会发现转速信号不正确，更换曲轴上的曲轴位置传感器（CKP 传感器）后，故障排除。故障原因是发动机 ECU 接收到此时不正确的转速信号后，并不能判断转速信号是否正确（因无比较量），而是比较此时的节气门位置传感器信号，认为其信号与接收到的错误转速信号不相符，故给出节气门位置传感器的故障码。

图 1-8　关联分析法

第二节　汽车波形基础

一、汽车波形的概念

在汽车工作时，各种传感器会产生各种各样的电压或电流信号，这些信号会有规律的变化，从而形成波形，如图 1-9 所示。

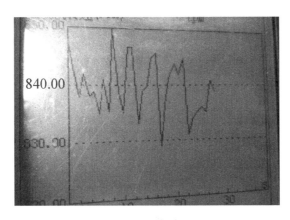

图 1-9　汽车波形

二、汽车波形的作用

当汽车部件发生正常或非正常变化时，可以利用设备对所怀疑部件进行波形测试，然后通过波形的变动快速了解被检测部件的工作性能，从而快速找到故障零部件。

三、汽车波形的类型

汽车波形的类型主要分为传感器波形、执行器波形、汽车电器波形 3 种类型，具体情况如下。

1. 传感器波形

在汽车电子控制系统中，传感器向控制单元（ECU）发出各种各样的电压或电流信号。因此，只要能够检测出汽车电子控制系统在接收的电压或电流信号波形，通过观察波形便可以得知传感器的工作是否正常。

2. 执行器波形

在汽车电子控制系统中，执行器受到控制单元（ECU）发出的电子信号控制并向控制单元（ECU）反馈控制信号。因此，只要能够检测出汽车电子控制系统在对执行器控制过程中的电子信号波形，通过观察波形便可以得知执行器的工作是否正常。

3. 汽车电器波形

在汽车电器工作过程中会显示一些电子信号波形，通过观察波形便可以得知用电器的工作是否正常。如电器电路接通时，波形的幅值应为 B + 或蓄电池电压，电路断开或开关动作时，波形的幅值应为零。

四、汽车波形的分析方法

当汽车某些电子信号发生异常时，表明汽车存在着某些故障，此时可以通过汽车示波器检测这些电子信号（图 1-10 所示为燃油压力调节器波形），并分析其信号特征变化来进行汽车故障的判断。汽车电子信号波形的基本特征包括幅度、频率、脉冲宽度、形状和陈列，它们被称为 5 种判断依据，具体内容如下：

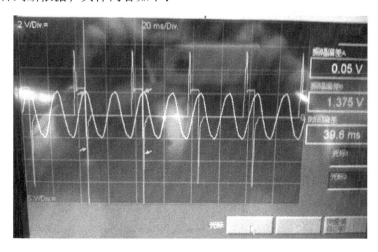

图 1-10　燃油压力调节器波形分析

1）幅度。电子信号在一定点上的瞬间电压。
2）频率。电子信号的循环时间，即电子信号在两个事件或循环之间的时间，一般指每秒的循环次数（Hz）。

3）脉冲宽度。电子信号所占的时间或占空比。

4）形状。电子信号的外形特征，如它的曲线、轮廓、上升沿、下降沿等。

5）陈列。组成专门信息信号的重复方式，如同步脉冲或串行数据等。

第三节　汽车数据流与波形读取设备及使用

一、汽车故障诊断仪

1. 汽车故障诊断仪功能

以元征 X431（图1-11）为例介绍汽车故障诊断仪的功能。它用计算机技术对汽车内部各电控系统进行自动化检测，检测结果以文字、数据、波形等形式显示在显示屏上，具有读取故障码、清除故障码、读取数据流及波形、动作测试等功能。

2. 启动诊断程序

以用元征 X431 进入海马诊断系统为例，启动诊断程序的操作方法如下：

1）在车辆上找到诊断座，然后将测试接头与汽车诊断座相连接（图1-12）。注意：如果所测汽车的诊断座电源电力不足或其电源引脚损坏，可通过以下任一方式获取电源：

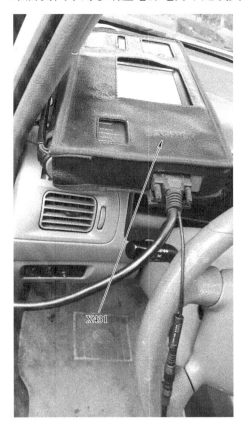

图1-11　元征 X431 汽车故障诊断仪

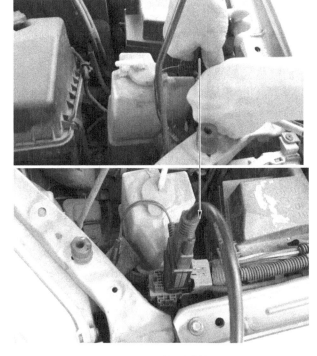

图1-12　连接测试接头

① 将汽车点烟器取出，然后将点烟器线束的一端插入汽车点烟器孔，另一端与 X-431 测试主线的电源插头连接。当需关闭点火开关时应先关闭 X-431，以防止非法关机。

② 将双钳电源线的电源钳夹在蓄电池的正、负极，另外一端插入 X-431 测试主线的电源插头。

③ 将电源转接线的一端插入 100～240V 交流电源插座，另一端插入开关电源的插孔内，并将开关电源的电源插头与 X-431 测试主线的电源插头连接。

2）连接完成后，按"POWER"键启动 X-431（图 1-13）。

3）点击"开始"，并在其弹出菜单中选择"诊断程序"→"汽车解码程序"（图 1-14）。

图 1-13　启动 X-431

图 1-14　弹出"汽车解码程序"菜单

4）点击"汽车解码程序"，然后进入 X-431 等待界面（图 1-15）。

5）等待几十秒后，显示 X-431 开始界面（图 1-16）。

图 1-15　X-431 等待界面　　　　图 1-16　X-431 开始界面

6）点击 X-431 开始界面的"开始",然后进入 X-431 车系选择界面(图 1-17)。

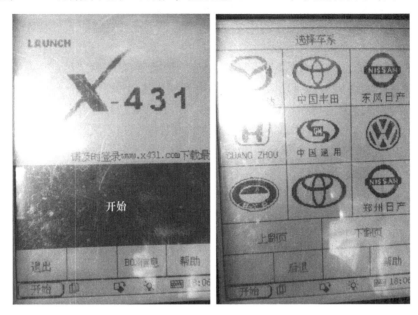

图 1-17　进入 X-431 车系选择界面

7）如点击海马图标,显示屏显示海马车系诊断程序版本选择菜单(图 1-18)。

8）点击"海马诊断仪 V12.06"(图 1-19)。在 X-431 不断升级过程中,在 CF 卡里可能存储多个版本的诊断软件,以选择最新版本为先。

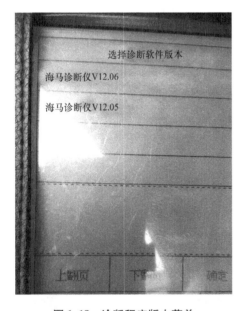

图 1-18　诊断程序版本菜单

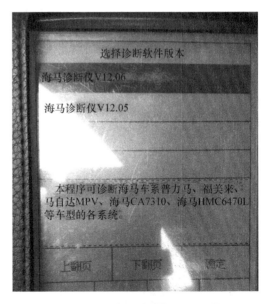

图 1-19　"海马诊断仪 V12.06"

9）点击"确定"按钮,X-431 将对 SMARTBOX 进行复位和检测,并从 CF 卡下载诊断程序(图 1-20)。

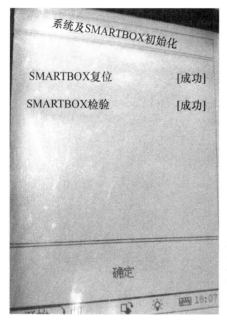
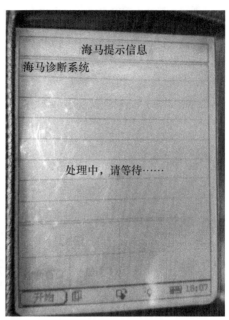

图 1-20　下载诊断程序

10）下载诊断程序完毕，然后点击"海马诊断系统"，进入汽车各系统的选择控制模块（图 1-21），最后进入功能菜单进行测试。

3. 读取故障码

1）首先启动诊断程序，如进入"马自达动力控制系统"，然后在功能菜单中点击"读取故障码"（图 1-22），X-431 开始读取故障码及故障内容（图 1-23）。

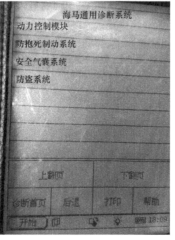
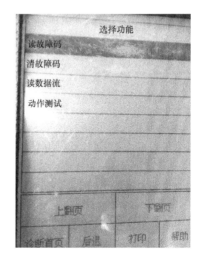

图 1-21　选择控制模块　　　　　　　　　　　　图 1-22　功能菜单

2）测试完毕后，在显示屏显示测试结果（图 1-24）。

图 1-23 读取故障码　　　　　　　　　图 1-24 显示测试结果

4. 清除故障码

1）首先启动诊断程序，在功能菜单中点击"清除故障码"，X-431 开始清除故障码及故障内容（图 1-25）。

2）重新用 X-431 读取故障码（图 1-26），当系统没有故障码显示时则故障码清理完毕。

图 1-25 正在清除故障码　　　　　　　图 1-26 重新读取故障码

5. 读取数据流及波形

1）首先启动诊断程序，在功能菜单中点击"读数据流"选项，读取发动机的运行数据流（图 1-27）。

2）在数据流显示界面中点击选择数据流选项后，再点击"图形1"，显示屏将会显示所选数据流项的单项波形；在单个数据流项的波形界面中，点击"图形2"，显示屏显示2个数据流项的波形（图1-28），这样便于维修工对相关的数据流项进行实时对比。

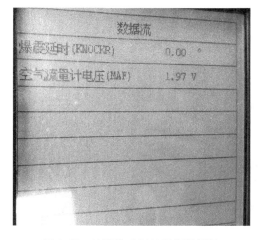

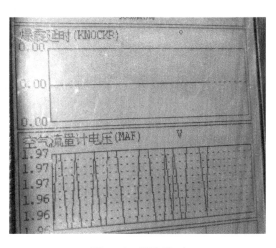

图1-27　读取发动机的运行数据流　　　　　　图1-28　读取波形

6. 动作测试

1）首先启动诊断程序，在功能菜单中点击"动作测试"选项，然后点击所选的元件选项，驱动执行器进行检测（图1-29）。

2）当所选的元件测试完毕，显示测试的结果（图1-30）。

图1-29　驱动执行器进行检测　　　　　　图1-30　显示测试的结果

二、汽车专用数字式万用表

汽车专用数字式万用表（图1-31）是汽车电子元件的主要测量工具，它可用于汽车的诊断工作，能够提供多种测量功能。

图 1-31 汽车专用数字式万用表

1）测量交、直流电压。

2）测量电阻。

3）测量电流。

4）记忆最大值和最小值。该功能用于检查汽车某些电路的瞬间故障。

5）模拟条显示。该功能用于观测连续变化的汽车数据。

6）测量脉冲波形的频宽比和点火线圈一次侧电流的闭合角。该功能用于检测喷油器、怠速稳定控制阀、EGR 电磁阀及点火系统等的工作状况。

7）测量转速。

8）输出脉冲信号。该功能用于检测无分电器点火系统的故障。

9）测量传感器输出的电信号频率。

10）测量二极管的性能。

11）测量大电流。配置电流传感器（霍尔式电流传感夹）后，可以测量大电流。

12）测量温度。配置温度传感器后可以检测冷却液温度、尾气温度和进气温度等。

三、汽车专用示波器

汽车专用示波器是一种汽车检测设备，它可以把汽车电气设备的实时工作状态以波形的形式显示在屏幕上（图 1-32），维修人员通过观察波形就可以判断汽车故障。它的使用方法具体如下：

（1）信号频率和时基选择　时基/频率表的用途是帮助根据信号频率来选择时基，或判断显示波形的频率。时基/频率表的使用方法：可以通过计算屏幕显示波形的循环次数（1～5）

图 1-32 汽车专用示波器

的方法,用汽车示波器去判定信号频率,表内左侧第一列为确定的频率数,其他列为当前时基数。

(2)示波器设置要领

1)设置项目。为了显示一个波形,必须对示波器做如下设定:

① 电压比例。

② 时基。

③ 触发电平(也可以将触发模式置于"自动"档)。

④ 耦合方式(AC 交流、DC 直流或 GND 接地)。

2)设置要领:

① 当用自动设置功能(AUTORANGE)能够看清楚显示的波形时,可以用手动设置(MANUAL)来进一步微调。

② 如果显示屏上仍不能看到清晰的波形,可以根据推断,假设电压比例和触发电平,暂且先不设定时基。

③ 用数字式万用表测量信号电压,并根据测出的电压来设置电压档比例。

④ 将触发电平设定在信号电压的一半以上,在设定电压比例和触发电平后,唯一未设定的就是时基了。

⑤ 这时手动设定时基,大多数信号应在 1ms～1s。

⑥ 时基/频率表可以用来帮助选择时基,可以先用汽车示波器上的游动光标来测量信号的频率,然后确定所希望的显示波形的循环次数(个数),再从表中找到信号频率与循环次数(个数)的交点,这就是要确定的时基数。

3)当无法捕捉到波形时

① 确认触发模式是在"自动(AUTO)"模式下,如果不在"自动"模式下汽车示波器有可能不触发。

② 确认汽车示波器的屏幕显示并未处在冻结(HOLD)状态,若屏幕已被冻结,就按一下解除键。

③ 确认信号是否真的存在,可以用万用表先检查电压,如果确信信号是存在的,用汽车示波器和万用表不能够捕捉到,就检查测试线和接柱的连接情况。

④ 确认耦合方式不在"接地"(GND)模式,若在"接地"模式,任何信号都无法进入。

⑤ 确认触发源是定义在所选择的通道上。

(3)示波器用语

1)触发电平:示波器显示时的起始电压值。

2)触发源:示波器的触发通道[通道(CH1)、通道(CH2)和外触发通道(EXT)]。

3)触发沿:示波器显示时的波形上升或下降沿。

4)电压比例:每格垂直高度代表的电压值。

5)时基:每格水平长度代表的时间值。

6)直流耦合:测量交流和直流信号。

7)交流耦合:只允许信号的交流成分通过而滤掉了直流成分(电容用来过滤直流电压)。

8)接地耦合:确认示波器显示的 0V 电压位置。

9)自动触发:如果没有手动设定,示波器就自动触发并显示信号波形。

第二章 发动机数据流与波形的分析及故障诊断

第一节 燃油控制系统数据流与波形

一、燃油控制系统数据流分析

1. 喷油脉宽

喷油脉宽是发动机控制单元（ECU）控制喷油器每次喷油的时间长度，是喷油器工作是否正常的最主要指标。该参数所显示的喷油脉宽数值单位为 ms。该参数显示的数值大，表示喷油器每次喷油的时间较长，发动机将获得较浓的混合气；该参数显示的数值小，表示喷油器每次喷油的时间较短，发动机将获得较稀的混合气。喷油脉宽没有一个固定的标准，它将随着发动机转速和负荷的不同而变化。影响喷油脉宽的主要因素包括 λ 调节、活性炭罐的混合气浓度、空气温度与密度、发动机负荷等。

一般发动机怠速正常运行时，脉宽一般为 1.5 ~ 2.9ms，如图 2-1 所示。如果脉宽达到 2.9 ~ 5.5ms，一般是喷油器有堵塞的现象。新车运行一段时间后，喷油器就有不同程度的堵塞，使喷油量减少，发动机控制单元（ECU）认为空燃比增大（即变稀了），怠速下降，会修正喷油脉宽、修正怠速控制信号，使怠速达到目标转速值。这个循环反复进行，怠速脉宽就越来越大。同时发动机控制单元（ECU）就将此时的怠速控制阀位置（步进电动机之步数，或脉冲阀的占空比信号）储存下来，以备下次起动时参考。由于各缸喷油器堵塞的程度不一样，而发动机控制单元（ECU）向喷油器提供的喷油脉宽是一致的，导致发动机工作不稳、动力不足、加速性不良、燃油消耗增加等异常现象产生，此时需要对喷油器进行清洗。

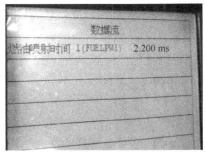

图 2-1 喷油脉宽

2. 短时燃油调整

短时燃油调整的数值用 -100% ~ +100% 之间的百分比表示，中间点为 0%。如果短期燃油调整的数值为 0%，则表示空燃比为为理想值 14.7∶1，混合气既不太浓，也不太稀，如图 2-2 所示。如果短期燃油调整显示

图 2-2 短时燃油调整

高于0%的正值，则表示混合气较稀，发动机控制单元（ECU）在对供油系统进行增加喷油量的调整。如果短期燃油调整显示低于0%的负值，则表示混合气较浓，发动机控制单元（ECU）在对供油系统进行减少喷油量的调整。如果混合气过稀或过浓的程度超过了短期燃油调整的范围，这时就要进行长期燃油调整。

3. 长期燃油调整

长期燃油调整显示0%表示为了保持发动机控制单元（ECU）所控制的空燃比，供油量正合适，如图2-3所示。如果长期燃油调整显示的是低于0%的负值，则表明混合气过浓，喷油量正在减少（喷油脉宽减小）；如果长期燃油调整显示的是高于0%的正值，则表明混合气过稀，发动机控制单元（ECU）正在通过增加供油量（喷油脉宽增大）进行补偿。

长期燃油调整的数值可以表示发动机控制单元（ECU）已经补偿了多少。尽管短期燃油调整可以更频繁地对燃油供给量进行范围较广的小量调整，但长期燃油调整可以表示出短期燃油调整向稀薄或浓稠方向调整的总体趋势。长期燃油调整可以在较长时间后朝所要求的方向明显地改变供油量。

图2-3 长期燃油调整

4. 燃油切断

对于某些燃油喷射式发动机系统，该参数反映发动机控制单元（ECU）是否在出现机油压力过低（转速限速器）、发动机超速（车速限速器）或汽车行驶超速（车速限速器）时进行了燃油切断。该参数在发动机正常运行时，读值为NO；当发动机出现机油压力过低、发动机超速或汽车行驶超速三种情况之一时，读值为YES。有些轿车甚至在组合仪表上还会显示"燃油切断"的信息，如名爵MG6轿车（图2-4）。

5. 气缸切断4

气缸切断是一种根据汽车运转负荷而采取部分气缸停止工作，仅使部分气缸工作，以满足当前运行负荷的一种运行方式。以6缸发动机为例，在发动机运转负荷为满负荷时，该发动机的6个气缸将会同时工作，此时各缸的状态为OFF。当其负荷逐渐降低到超过某一限定负荷值时，该发动机的4~6缸将停止工作，只有1~3缸继续工作。此时1~3缸气缸切断显示为OFF，4~6缸气缸切断显示为ON。此处指4缸的气缸切断状态，如显示ON，表示4缸已停止工作，显示OFF表示4缸在工作状态。

图2-4 名爵MG6轿车"燃油切断"的信息

6. 气缸切断5

气缸切断是一种根据汽车运转负荷而采取部分气缸停止工作，仅使部分气缸工作，以满足当前运行负荷的一种运行方式。以6缸发动机为例，在发动机运转负荷为满负荷时，该发动机的 6 个气缸将会同时工作，此时各缸的状态为 OFF。当其负荷逐渐降低到超过某一限定负荷值时，该发动机的 4~6 缸将停止工作，只有 1~3 缸继续工作。此时 1~3 缸气缸切断显示为 OFF，4~6 缸气缸切断显示为 ON。此处指 5 缸的气缸切断状态，如显示 ON，表示 5 缸已停止工作，显示 OFF 表示 5 缸在工作状态。

7. 气缸切断 6

气缸切断是一种根据汽车运转负荷而采取部分气缸停止工作，仅使部分气缸工作，以满足当前运行负荷的一种运行方式。以 6 缸发动机为例，在发动机运转负荷为满负荷时，该发动机的 6 个气缸将会同时工作，此时各缸的状态为 OFF。当其负荷逐渐降低到超过某一限定负荷值时，该发动机的 4~6 缸将停止工作，只有 1~3 缸继续工作。此时 1~3 缸气缸切断显示为 OFF，4~6 缸气缸切断显示为 ON。此处指 6 缸的气缸切断状态，如显示 ON，表示 6 缸已停止工作，显示 OFF 表示 6 缸在工作状态。

8. 起动加浓

在起动发动机时，发动机控制单元（ECU）提供加浓的混合气控制信号，增加喷油脉宽，此时参数读值显示为 YES，同时喷油脉宽应增加，而其他状态参数读数应为 NO。

9. 暖机加浓

在冷车起动结束后的暖机过程中，由于汽油混合气浓度不高，在暖机过程中必须增加喷油量，暖机增量比的大小取决于发动机冷却液温度传感器所测得的发动机温度，并随着发动机温度的升高而逐渐减小，直至温度升高至 80℃ 时，暖机加浓结束。当发动机处于暖机加浓状态时，其显示读值为 ON；当发动机不处于暖机加浓状态时，其显示读值为 OFF。

10. 暖机阶段

冷车起动结束后，暖机运转过程中称为暖机阶段。当发动机处于暖机阶段时显示为 YES；当发动机处于非暖机阶段时显示为 NO。

11. 燃油泵

如图 2-5 所示，燃油泵信号是一个状态参数，其显示内容为 YES 或 NO。该参数指燃油泵的通断状态，当燃油泵处于接通状态时，显示为 YES；当燃油泵处于断开状态时，显示为 NO。

12. 加速加浓

如图 2-6 所示，加速加浓信号是一个状态参数，其显示内容为 YES 或 NO。对于某些燃油喷射式发动机，在加速时，发动机控制单元增加喷油脉宽来提供加浓的混合气，此时其参数数值为 YES。同时喷油脉宽量应增加，而在其他的状态参数读值为 NO。

图 2-5 燃油泵信号

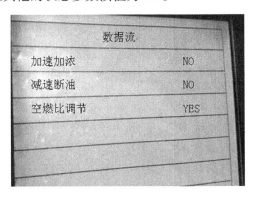

图 2-6 加速加浓

二、燃油控制系统波形分析

燃油控制系统的主要执行器就是喷油器，通过喷油器的驱动器才能确定喷油器的波形特点。喷油器驱动器由发动机控制单元（ECU）里的一个晶体管开关及相应电路组成，它起打开或关闭喷油器的作用。

1. 发动机工作时喷油器波形分析

1）将示波器探针连接到喷油器插接器的信号端子（图2-7）。

2）如图2-8所示，当发动机控制单元（ECU）搭铁电路接通后，喷油器开始喷油，当发动机控制单元（ECU）断开控制电路时，电磁场会发生突变，这个线圈突变的电磁场产生了峰值（图2-8中峰值为10V），此时汽车示波器可以用数字的方式在显示屏上与波形一起显示出喷油脉冲时间（图2-8中喷油脉冲时间为2.0ms）。

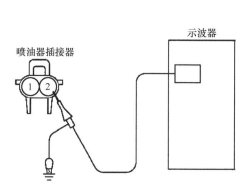
图2-7 喷油器波形测试示意图

图2-8 喷油器的波形

2. 发动机不能起动时喷油器波形分析

（1）示波器显示一条0V直线

1）用示波器检查喷油器的供电电源电路，以及发动机控制单元（ECU）的电源和搭铁电路，如果喷油器上没有电源电压，检查其他电磁阀电源电压（EGR阀、EEC控制）。

2）如果喷油器供电电源正常，喷油器线圈可能断路或者喷油器插头损坏，个别情况是发动机控制单元（ECU）中喷油器控制电路频繁搭铁，代替了推动脉冲，造成喷油器频繁地向气缸中喷射燃油，造成发动机淹缸。

（2）示波器显示一条12V供电电压水平直线 如果喷油器供给电源正常，示波器上显示一条喷油器电源电压的水平直线，说明发动机控制单元（ECU）没有提供喷油器的搭铁，主要由以下原因造成：

1）发动机控制单元（ECU）没有收到曲轴、凸轮轴位置传感器传出发动机转速信号或同步信号。

2）发动机控制单元（ECU）内部或外部搭铁电路不良、发动机控制单元（ECU）电源故障、发动机控制单元（ECU）内部喷油器驱动器损坏等。

（3）示波器显示有脉冲信号

1）确定脉冲信号的幅值、频率和形状及脉冲宽度等判定性尺度都是一致的，首先要确认有足够的喷油器脉冲宽度去供给发动机足够的燃油来起动。在起动时大多数发动机控制单元一般被程序设定会发出 6-35ms 脉冲宽度。通常喷油脉冲宽度超过 50ms 燃油会淹发动机，并可能阻碍发动机起动。

2）喷油器释放尖峰应该有正确的高度。如果尖峰异常短可能说明喷油器线圈短路，可用万用表测量。

三、燃油控制系统数据流与波形诊断思路

1. 燃油压力传感器诊断思路

燃油压力传感器诊断思路如图 2-9 所示。

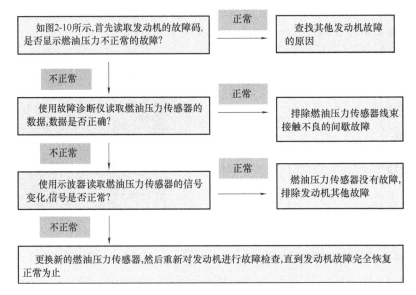

图 2-9　燃油压力传感器诊断思路

图 2-10　燃油压力过低故障

2. 喷油器的诊断思路

喷油器的诊断思路如图 2-11 所示。

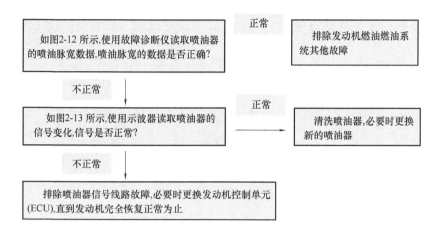

图 2-11 喷油器的诊断思路

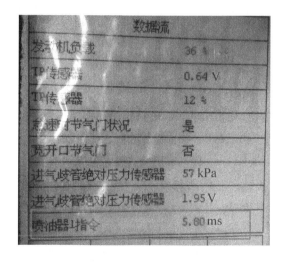

图 2-12 故障诊断仪读取喷油脉宽的数据

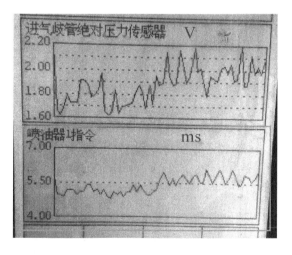

图 2-13 故障诊断仪读取喷油器的信号变化

四、燃油控制系统数据流与波形故障诊断实例

1. 丰田 RAV4 喷油器的故障

【故障现象】

一辆 2012 年款丰田 RAV4 2.4L 轿车，行驶里程 14.9 万 km，车主反映该车发动机故障灯点亮，行驶时在车内闻到刺鼻的气味。

【故障诊断与排除】

1）接车后维修人员进行试车，发现该车动力性能并无明显下降，只是发动机在加速时尾气中出现一些黑烟。

2）使用故障诊断仪检测发动机控制单元（ECU），发现故障码 P0171——混合气浓度过稀，于是在发动机怠速运转时观察数据流，发现喷油脉宽过大（图 2-14）。

3）从失火负荷看，0g/rev 的数值表明发动机点火系统工作正常。根据以往维修经验进行分析，喷油脉宽大而混合气却稀，说明燃油系统存在故障。

4）经过仔细测量燃油系统油压，怠速时燃油压力（标准值为 250kPa）正常，最后对喷油器进行清洗后发动机恢复正常，故障彻底排除。

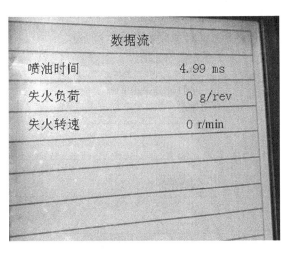

图 2-14 喷油脉宽数据

2. 宝马 520Li 轿车发动机控制单元（DMF）的故障

【故障现象】

一辆 2014 年款宝马 520Li 2.0T 轿车，行驶里程 6.9 万 km，车主反映该车正常行驶途中出现发动机故障灯点亮，发动机怠速抖动现象。

【故障诊断与排除】

1）连接故障诊断仪读取发动机故障码，此时出现"140301——熄火，气缸 3：喷射装置被关闭；140001——熄火，多个气缸：喷射装置被关闭"信息。

2）初步认为该故障与气缸 3 的部件相关，可能有喷油器损坏、点火线圈损坏、火花塞损坏、发动机机械故障、发动机控制单元（DME）内部故障、相关线路故障等。

3）检查发动机控制单元（DME）至气缸 3 的喷油器、点火线圈线路，均正常。

4）怠速状态时读取气缸 3 的喷油器波形（图 2-15），然后与其他正常车辆喷油器波形进行比较（图 2-16），发现 3 缸喷油器波形不正常。

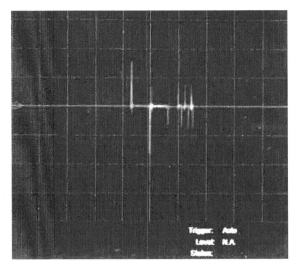

图 2-15 气缸 3 的喷油器波形

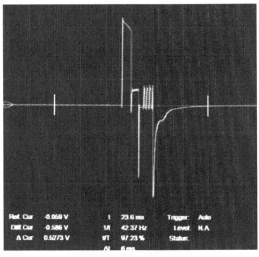

图 2-16 正常车辆喷油器波形

5) 根据维修经验，初步认为气缸 3 喷油器或发动机控制单元（DME）存在故障，于是利用汽车诊断仪清除故障码后起动发动机，同时读取气缸 3 的喷油器波形，发现在发动机故障灯点亮之前，喷油器波形正常，故障灯点亮之后喷油器波形又不正常，从而怀疑发动机控制单元（DME）内部损坏。

6) 更换发动机控制单元（DMF）后，多次路试车辆正常，故障彻底排除。

3. 奇瑞发动机发抖故障

【故障现象】

一辆 2012 年款奇瑞 QQ3 0.8L 轿车，车主反映该车急速时发动机抖动。

【故障诊断与排除】

1) 首先利用 X431 诊断仪读取故障码没有任何故障码显示，于是读取喷油脉宽数值发现达到 4.5ms，说明喷油器堵塞。

2) 拆下 3 个气缸的喷油器，对它们进行清洗，如图 2-17 所示。

3) 清洗干净 3 个喷油器后安装到发动机上，起动发动机，发动机工作平稳，重新读取发动机的数据流，发现喷油脉宽为 2.4ms，如图 2-18 所示。

4) 经过发动机长时间的怠速运转，发动机不再抖动，故障彻底排除。

图 2-17　清洗喷油器

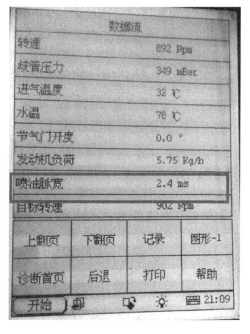

图 2-18　清洗喷油器后的喷油脉宽

4. 伊兰特发动机故障指示灯点亮故障

【故障现象】

一辆 2011 年款北京现代伊兰特 1.6L 轿车，车主反映该车发动机故障指示灯点亮。

【故障诊断与排除】

1) 首先利用北京现代汽车专用的 Hi-Ds Scanner 诊断仪读取故障码，显示 P2096：催化剂燃油修正系统过稀，如图 2-19 所示。

2) 起动发动机让其怠速运转，然后利用诊断仪读取发动机数据流（图 2-20），显示短期燃油修正为 0%，长期燃油修正为 -2%，说明喷油量正在减少，所以确定该故障是由于混合气过稀造成的。

3) 对发动机燃油系统及进气系统进行免拆清洗，然后清除故障码，再次读取故障码，没有任何显示，故障彻底排除。

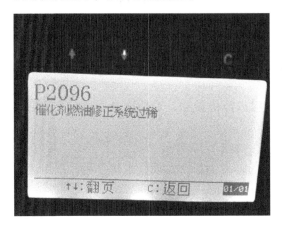

图 2-19　读取故障码

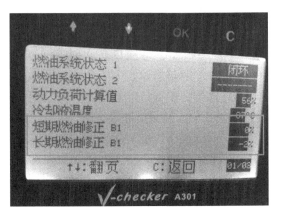

图 2-20　读取发动机数据流

第二节　进气状态数据流与波形

一、进气状态数据流分析

进气压力传感器、进气温度传感器、空气流量传感器、节气门位置传感器等是用来监测发动机进气状态的传感器，在汽车电子燃油喷射系统中，它们的信号一起作为喷油量控制的信号。

1. 进气压力传感器数据流

进气压力传感器 MAP（图 2-21）以真空管连接进气歧管，随着发动机不同的转速负荷，感应进气歧管内的真空度的变化，再从传感器内部电阻的改变，转换成电压或压力信号，供发动机控制单元（ECU）修正喷油量和点火正时角度。

发动机控制单元（ECU）输出 5V 电压给进气压力传感器，再由信号端检测电压值送给 ECU，当发动机在怠速时，其电压信号（图 2-22）为 1~1.5V，节气门全开时，则约有 4.5V 电压信号；也有些车型直接显示

图 2-21　进气压力传感器

进气压力传感器的压力信号，见表 2-1。读取进气压力传感器的数据时，如果与规定车型的数据不符合，则应更换进气压力传感器，或排除其他电控系统引起的发动机故障。

第二章 发动机数据流与波形的分析及故障诊断

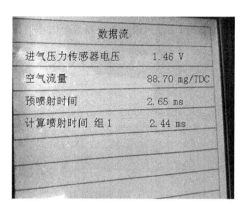

图 2-22 进气压力传感器电压信号

表 2-1 进气压力传感器压力信号

显示项目	技术规范		显示状态
进气压力传感器	点火开关：ON	海拔：0m	101kPa
		海拔：600m	95kPa
		海拔：1200m	88kPa
		海拔：1800m	81kPa
	将车辆设置为检查前的状态	急速工作	16~36kPa
		加速过度	根据进气歧管处的负压而变化

2. 进气温度传感器数据流

进气温度传感器（图 2-23）主要是用于检测进气管中的空气温度。当用故障诊断仪读取数据流时，有些车型的进气温度传感器中不仅可以读出传感器热敏电阻两端电压降，还能读出进气温度值（图 2-24）；但有些车型只会显示进气温度值，见表 2-2。在发动机冷起动时，该数值应该和环境温度相近，等发动机到达正常运行温度时，进气温度应该在 30~50℃，甚至更高些。当进气温度传感器线路发生故障时，进气温度固定在 -45℃。

图 2-23 进气温度传感器

图 2-24 进气温度传感器电压及温度值

表 2-2 进气温度传感器温度信号

显示项目	技术规范		显示状态
进气温度传感器	点火开关：ON 或者发动机运转	进气温度：-20℃	-20℃
		进气温度：0℃	0℃
		进气温度：20℃	20℃
		进气温度：40℃	40℃
		进气温度：50℃	50℃

3. 空气流量传感器数据流

空气流量传感器一般安装在发动机的进气管内（图2-25），它的主要作用是检测发动机的进气量。

通过分析空气流量传感器的数据流，可以判断空气流量传感器是否可正常工作。在正常情况下，急速时空气流量信号数据为 2.5g/s 左右。若小于 2.0g/s，说明进气系统存在泄漏；若大于 4.0g/s，说明发动机存在额外负荷，可能是空气滤清器壳体与进气软管之间存在漏气，一般都是卡箍没有拧紧或进气软管破裂。

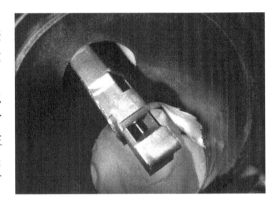

图 2-25 空气流量传感器

4. 节气门位置传感器

节气门位置传感器（图2-26）用于向发动机控制单元（ECU）提供节气门转角、转角速率以及发动机急速位置信号。根据节气门位置传感器信号，发动机控制单元（ECU）可以获得发动机急速以及加速和减速信号，从而为发动机提供增加或减少喷油的主控制信号。

节气门位置传感器的参数是一个数值，其单位根据车型不同有 3 种：若单位为电压（V），则数值范围为 0~5V；若单位为角度，则数值范围为 0°~90°；若单位为百分数（%），则数值范围为 0%~100%。

该参数的数值表示发动机控制单元（ECU）接收到的节气门位置传感器信号值，若显示的数据流是电压值（图2-27），它就是最真实的数据；若显示角度值和百分数，则均是

图 2-26 节气门位置传感器

图 2-27 节气门位置传感器的参数

ECU 根据电压值信号计算出的节气门开度的大小。但无论是电压值、角度值还是至百分数，它们的绝对值越小，表示节气门开度小；其绝对值越大，则表示节气门开度就会越大。

当以电压为单位时，节气门全关时的数值应低于 0.5V；节气门全开时的数值应接近 5V（表2-3）。若出现与规定不符合，则可能是节气门位置传感器有故障或其位置调整不当，也可能是线路或发动机控制单元（ECU）内部有故障。

表 2-3 节气门位置传感器信号

显 示 项 目	技 术 规 范		显 示 状 态
节气门位置传感器	拆下节气门体处的进气软管；点火开关：ON（发动机停机）	用手指完全关闭节气门	0.3～0.5V
		用手指完全打开节气门	4～4.8V

5. 怠速识别

怠速识别是一个状态参数，该参数反映汽车是否处于怠速状态。当怠速识别读值为 YSE 时，表示节气门被关闭，且发动机应处于怠速工况；当参数读值为 NO 时，表示节气门已打开，脱离了怠速工况。对于带有怠速识别参数的发动机控制系统，怠速运转不由发动机控制单元（ECU）来调节。

6. 发动机运转识别

发动机运转识别是一个状态参数，其显示内容为 YES 或 NO。发动机运转识别参数反映发动机是否处于运转状态，当发动机处于运转状态时，该参数显示读值为 YES，否则显示读值为 NO。

7. 空气泵

空气泵信号是一个状态参数，其显示内容为 ON 或 OFF。该参数指空气泵的通断状态，当空气泵处于接通状态时，显示为 ON；当空气泵处于断开状态时，显示为 OFF。

二、进气状态波形分析

1. 进气压力传感器波形

进气压力传感器（MAP）测量进气歧管内部压力，进而间接计算出进气量。这种方式也称为速度-密度型。MAP 输出与进气歧管压力变化成比例的模拟信号，发动机控制单元（ECU）使用这个信号和转速计算出进气流量。MAP 装配在缓冲器上，测量进气歧管内部的压力。MAP 由压电元件和放大压电元件输出信号的混合 IC 组成。压电元件是一种使用压电效应的膜片。膜片的一侧是真空室，而膜片的另一侧作用着进气压力。因此，根据进气歧管的压力变化通过膜片的偏移输出波形信号，如图 2-28 所示。

2. 进气温度传感器波形

起动发动机加速至 2500r/min，稳住转速看示波器屏幕上波形从左端开始直到右端结束，示波器上时间轴每格 5s，总共一次记录传感器工作为 50s，将屏幕上的波形定住，停止测试。此时，进气传感器已经通过从冷态的发动机到发动机正常工作的波形范围。

如图 2-29 所示，通常进气温度传感器的信号电压应在 3～5V（冷车状态），在运行温度范围内电压降为 1～2V，这个直流信号的关键是电压幅度，在各种不同温度下，温度传感器必须给出对应的输出电压信号。

图 2-28 进气压力传感器波形信号

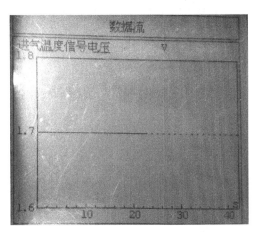

图 2-29 进气温度传感器波形

1）当 IAT 电路断路时，将出现电压向上直到搭铁电压值的峰尖。

2）当 IAT 电路短路时，将出现电压向下直到参考电压值为零。

3. 空气流量传感器波形

空气流量传感器按结构原理可分为叶片式、热丝式、卡门涡旋式等几种，它们的波形如下。

（1）叶片式空气流量传感器　关闭所有附属电气设备，起动发动机，并使其怠速运转，当怠速稳定后，检查怠速时输出信号电压，然后做加速和减速试验，出现如图 2-30 所示的波形。

1）将发动机转速从怠速加至节气门全开，节气门全开后持续 2s，但不要使发动机超速运转。

2）再将发动机降至怠速运转，并保持 2s。

3）再从怠速急加速发动机至节气门全开，然后再松开加速踏板，使发动机回至怠速。

4）定住波形，然后将测量出的电压值波形对比标准波形分析，正常叶片式空气流量传感器，怠速时输出电压约为 1V，节气门全开时应超过 4V。全减速时输出电压并不是非常快地从全加速电压回到怠速电压，通常它的输出电压都是随空气流量的增加而升高的，波形的幅值在气流不变时应保持稳定，一定的空气流量应有相对的输出电压。当输出电压与气流

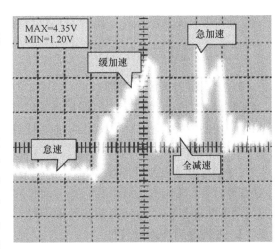

图 2-30 叶片式空气流量传感器

不符时可以从波形图中检查出来，而发生这种情况将使发动机的工作状况明显地受到影响。

（2）热丝式空气流量传感器　关闭所有附属电气设备，起动发动机，并使其怠速运转，怠速稳定后，检查怠速输出信号电压做加速和减速试验，应有类似图 2-31 中的波形

出现。

1）将发动机转速从怠速增加到节气门全开（加速过程中节气门以中速打开）持续2s，不宜超速。

2）再减速回到怠速状况，持续约2s。

3）再急加速至节气门全开，然后再回到怠速。

4）定住波形，仔细观察空气流量传感器波形进行分析。一般热丝式空气流量传感器输出电压范围是从怠速时超过0.2V变至节气门全开时超过4V，当全减速时输出电压应比怠速时的电压稍低。

发动机运转时，波形的幅值看上去在不断地波动，这是正常的，因此热丝式空气流量传感器没有任何运动部件，因此没有惯性，所以它能快速地对空气流量的变化做出反应，在加速时的波形所看到的杂波实际是在低进气真空之下各缸气口上的空气气流脉动，发动机控制单元中的处理电路读入后会清除这些信号。所以，这些脉冲没有影响。

（3）卡门涡旋空气流量传感器　起动发动机，测试不同转速时的卡门涡旋空气流量传感器波形。在大多数情况下，波形的振幅应该满5V，同时也要按照一致原则看波形的正确形状，注意矩形脉冲的方角及垂直沿，如图2-32所示。

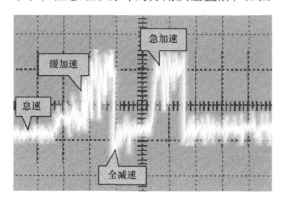

图2-31　热丝式空气流量传感器

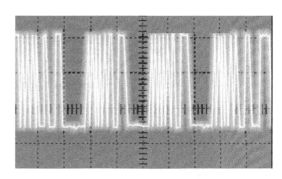

图2-32　卡门涡旋空气流量传感器

在稳定的空气流量下流量传感器产生的频率也应该是稳定的，无论是什么样的值都应该是一致的。当空气流量计工作正常时，脉冲宽度将随加速的变化而变化，这是为了加速加浓时，能够向发动机控制单元提供非同步加浓及额外喷射脉冲信号。

4. 节气门位置传感器波形

1）连接好波形测试设备，探针接传感器信号输出端子，鳄鱼夹搭铁。

2）打开点火开关，发动机不运转，慢慢地让节气门从关闭位置到全开位置，并重新返回至节气门关闭位置。慢慢地反复这个过程几次，定住波形，仔细观察节气门位置传感器波形进行分析，如图2-33所示。

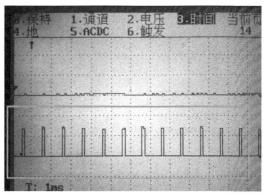

图2-33　节气门位置传感器波形

一般节气门位置传感器的电压应从怠速的低于1V到节气门全开时的低于5V，波形上不应有任何断裂，对地尖峰或大跌落。特别应注意在前1/4节气门运动中的波形，这是在驾驶中最常用到的传感器碳膜部分，传感器的前1/8至1/3的碳膜通常首先磨损。

三、进气状态数据流与波形诊断思路

1. 进气温度传感器诊断思路

进气温度传感器诊断思路如图2-34所示。

图2-34 进气温度传感器诊断思路

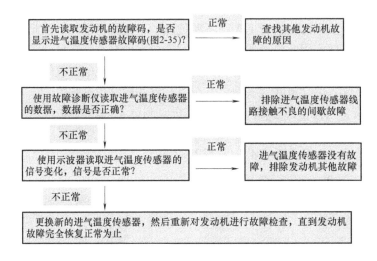

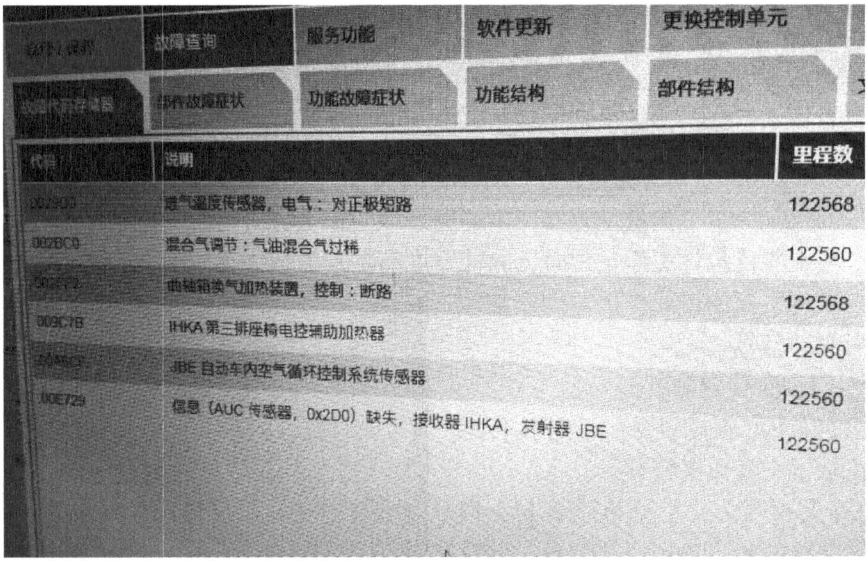

图2-35 进气温度传感器故障码

2. 空气流量传感器诊断思路

空气流量传感器诊断思路如图 2-36 所示。

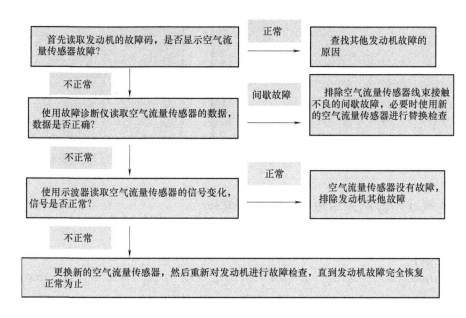

图 2-36 空气流量传感器诊断思路

3. 节气门位置传感器诊断思路

节气门位置传感器诊断思路如图 2-37 所示。

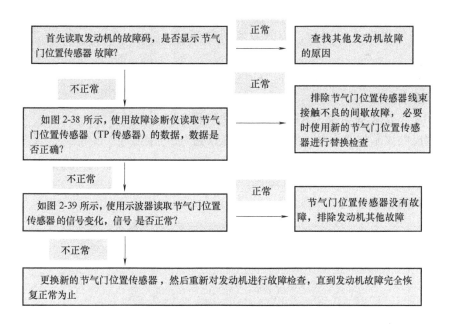

图 2-37 节气门位置传感器诊断思路

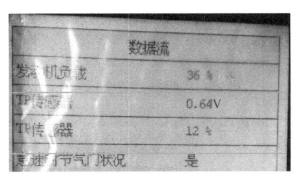

图 2-38 节气门位置传感器的数据

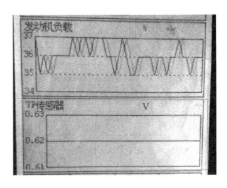

图 2-39 节气门位置传感器信号变化

四、进气状态数据流与波形故障诊断实例

1. 雪佛兰乐风进气温度传感器故障

【故障现象】

一辆 2010 年款雪佛兰乐风 1.4L 轿车，行驶里程 14 万 km，车主反映该车正常行驶途中出现发动机故障指示灯点亮，怠速运转不稳，打开空调，转速急下降，并且在行驶中有"抖喘"的现象。

【故障诊断与排除】

1）由于发动机故障指示灯点亮，首先读取发动机故障码，显示 P0113：进气温度传感器电路电压高（图2-40）

2）更换进气温度传感器后，清除发动机故障码，故障彻底排除。

2. 大众途锐空气流量传感器故障

【故障现象】

一辆 2014 年款大众途锐 3.0T 轿车，行驶里程 7.3 万 km，车主反映该车加速无力，发动机故障灯点亮。

【故障诊断与排除】

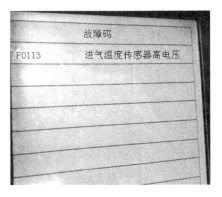

图 2-40 进气温度传感器故障码

1）首先使用故障诊断仪读取故障码，显示空气流量传感器 2-G246 故障（图2-41）。

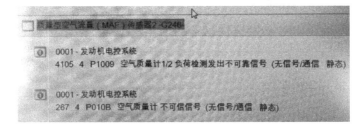

图 2-41 空气流量传感器 2-G246 故障信息

2）更换空气流量传感器2-G246后进行测试，发现空气流量传感器2的数据流变化正常（图2-42），发动机故障排除。

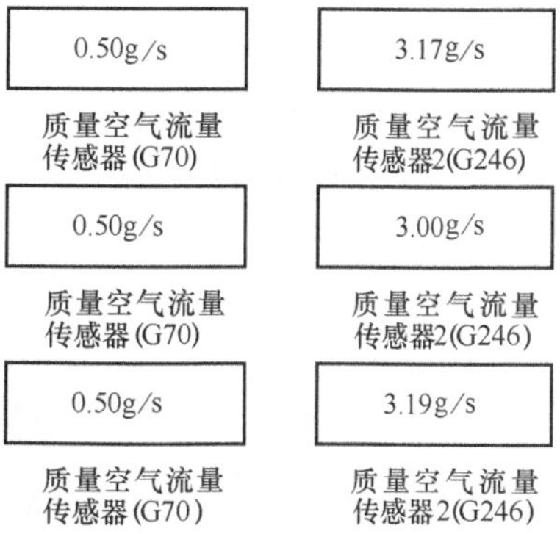

3. 广州本田雅阁进气压力传感器故障

【故障现象】

一辆2014年款广州本田雅阁2.4L轿车，行驶了1200km，发动机起动困难且起动后易熄火

【故障诊断与排除】

1）首先使用HDS故障诊断仪读取故障码，没有任何故障码。

2）使用HDS故障诊断仪检查发动机防盗锁止系统的数据和波形（图2-43），发现发动机防盗锁止系统允许正常使用。

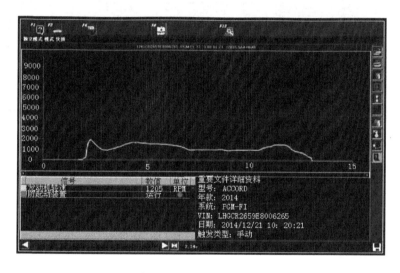

图2-42 空气流量传感器

图2-43 发动机防盗锁止系统的数据和波形

3）起动发动机时，HDS故障诊断仪检测到进气压力传感器（MAP）真空，但数值偏高。点火开关Ⅱ档时，MAP为4.25V（正常为3V）；起动时，为2.96V（正常为1.27V），说明MAP传感器或电路可能存在故障。

4）断开MAP传感器插接器，点火开关Ⅱ档，测量MAP线束侧2和3号端子的电压分别为5V、5V；1号端子对搭铁导通，说明MAP传感器电路没有故障，最可能的故障为MAP传感器。

5）使用良好的MAP传感器进行替换检查后，故障现象消除，说明MAP传感器确实存在故障，更换MAP传感器后，故障彻底排除。

4. 广州本田雅阁节气门位置传感器故障

【故障现象】

一辆2014年款广州本田雅阁2.4L轿车，行驶了6000km，行驶时发动机故障灯点亮，且起步加速困难。

【故障诊断与排除】

1）使用 HDS 故障诊断仪发现多个系统有故障码（DTC），并且 DTC 可以清除，而故障再现时依然出现 P0123（TP 传感器 A 电压过高）的故障。

2）如图 2-44 所示，使用 HDS 故障诊断仪读取 TP 传感器的数据流和波形，发现当车辆起动时，TP 传感器开度急剧上升，达到全开，说明 TP 信号确实是异常的。

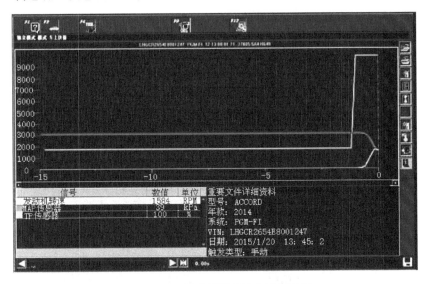

图 2-44　TP 传感器数据流和波形异常

3）由于 TP 传感器与节气门为一体，于是更换节气门体。更换节气门体后进行匹配和试车，并读取 TP 传感器数据流和波形一切正常，发动机故障彻底排除。

第三节　点火系统数据流与波形

一、点火系统数据流分析

1. 点火提前角

点火提前角是一个数值参数，它表示由发动机控制单元（ECU）的总点火提前角（包含基本点火提前角），其变化范围为 0°～90°。在发动机运转过程中，该参数的数值取决于发动机的工况及有关传感器的信号，通常在 10°～60°之间变化。在进行数值分析时，应检查该参数能否随发动机工况不同而变化。如图 2-45 所示，通常在发动机怠速运转时该参数为 15°左右；发动机加速或中高速运转时，该参数增大。如果该参数在发动机不同工况下保持不变，则说明发动机控制单元（ECU）

图 2-45　点火提前角

有故障，也可以用正时灯检测发动机点火提前角的实际数值，并与该参数进行比较。如果发现实际点火提前角和该参数不符，说明曲轴位置传感器或发动机正时安装位置不正确，应按规定进行检查和调整。

2. 点火控制信号

点火控制是一个状态参数，其显示内容为 YES 或 NO。该参数表示发动机控制单元（ECU）是否在控制点火线圈工作。通常在发动机点火时，该参数显示为 YES；发动机不点火时，该参数显示为 NO。如果在发动机运转中该参数显示为 NO，说明控制系统某些传感器有故障，使发动机控制单元（ECU）无法进行该缸点火控制。

3. 起动信号

起动信号是一个状态参数，其显示内容为 YES 和 NO。该参数反映发动机控制单元（ECU）检测到点火开关在起动位置时，起动机回路是否接通。在点火开关转至起动位置、起动机回路接通时，该参数应显示为 YES，其他情况下为 NO。发动机控制单元（ECU）根据这一信号来判断发动机是否处于起动状态，并由此来控制发动机起动时的燃油喷射、怠速和点火正时。在进行数值分析时，应在发动机起动时检查该参数是否显示为 YES。如果在起动时该参数仍显示为 NO，说明起动系统至发动机控制单元（ECU）的信号电路有故障，这会导致发动机起动困难等故障。

4. 爆燃信号

爆燃信号是一个状态参数，其显示内容为 YES 或 NO。该参数表示发动机控制单元（ECU）是否接到爆燃传感器送来的爆燃信号。当参数显示为 YES 时，说明发动机控制单元（ECU）接到爆燃信号；显示 NO 时，表示没有接到爆燃信号。在进行数值分析时，可在发动机运转中急加速，此时该参数应能先显示 YES，后又显示为 NO。如果在急加速时该参数没有显示为 YES，或在等速运转时也显示为 YES，说明爆燃传感器或线路有故障：

5. 爆燃计数

爆燃计数是一个数值参数，其变化范围为 0～255。它表示发动机控制单元（ECU）根据爆燃传感器信号计算出的爆燃的数量和相关的持续时间。参数的数值并非爆燃的实际次数和时间，它只是一个与爆燃次数及持续时间成正比的相对数值。任何大于 0 的数值都表示已发生爆燃。数值低表示爆燃次数少或持续时间短，数值高表示爆燃次数多或持续时间长。

6. 爆燃延迟

爆燃延迟是一个数值参数，其变化范围为 0～99。它表示发动机控制单元（ECU）在接到爆燃传感器送来的爆燃信号后，将点火提前角延迟的数值，单位为"（°）或度"。该参数的数值不代表点火提前角的实际数值，仅表示点火提前角相对于当前工况下最佳点火提前角向后延迟的角度。

7. 电脑控制点火

在某些车型上，该参数表示发动机控制单元（ECU）是否在控制点火提前角。发动机在起动时，由点火控制单元控制点火时间，发动机控制单元应不控制点火正时，此时参数读值为 NO。在发动机起动后，发动机控制单元（ECU）将控制点火时间，参数读值为 YES。如果点火控制单元至发动机控制单元（ECU）的信号线在发动机工作时发生断路，则点火时间将被返回到由点火控制单元提供的基本点火时间,该参数读值为 NO,并产生故障码储存。

二、点火系统波形分析

1. 爆燃传感器波形

1)将爆燃传感器的导线插接器断开,连接波形测试设备,打开点火开关,不起动发动机。

2)使用木锤敲击传感器附近的发动机气缸体以使传感器产生信号。

3)在敲击发动机体之后,紧接着在波形测试设备上应显示有一振动,敲击越重,振动幅度就越大。

4)波形的峰值电压(峰高度或振幅)和频率(振荷的次数)将随发动机的负载和每分钟转速而增加,如果发动机因点火过早、燃烧温度不正常、排气再循环不正常流动等引起爆燃或敲击声,其幅度和频率也增加,如图 2-46 所示。

2. 点火线圈功率晶体管波形

1)使用波形测试设备的感应钳夹住点火线圈的信号导线或将示波器探针连接到点火线圈插接器的信号端子(图 2-47),打开点火开关,不起动发动机。

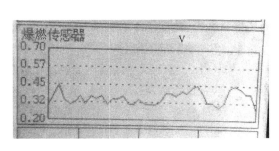

图 2-46　爆燃传感器波形

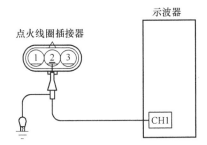

图 2-47　点火线圈测试波形示意图

2)点火线圈功率晶体管的标准波形,如图 2-48 所示。当功率晶体管 ON 时,点火线圈初级侧通电。如果蓄电池电压较低,则通电时间会延长,反之亦然,这样点火时的初级电压可以控制在恒定水平。当功率晶体管 OFF 时,发动机 ECU 不输出功率晶体管驱动信号。

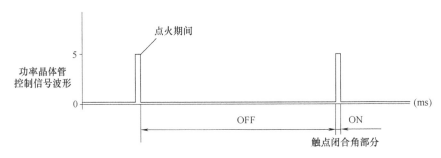

图 2-48　点火线圈功率晶体管的标准波形

3) 如图 2-49 所示，如果点火线圈功率晶体管的波形幅度过低，说明点火线圈初级电路断路，则应更换点火线圈。

3. 点火提前角波形

点火提前角的频率与发动机转速同步，它是只有当点火提前角需要改变时，电子点火正时信号才发生改变（图 2-50）。

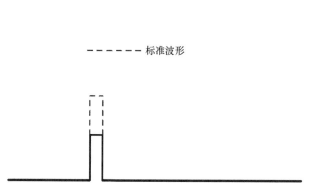

图 2-49　点火线圈功率晶体管的波形异常　　　　图 2-50　点火提前角波形

三、点火系统数据流与波形诊断思路

1. 爆燃传感器诊断思路

爆燃传感器诊断思路如图 2-51 所示。

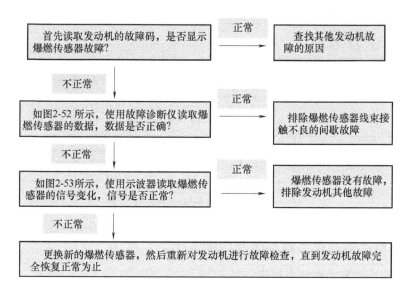

图 2-51　爆燃传感器诊断思路

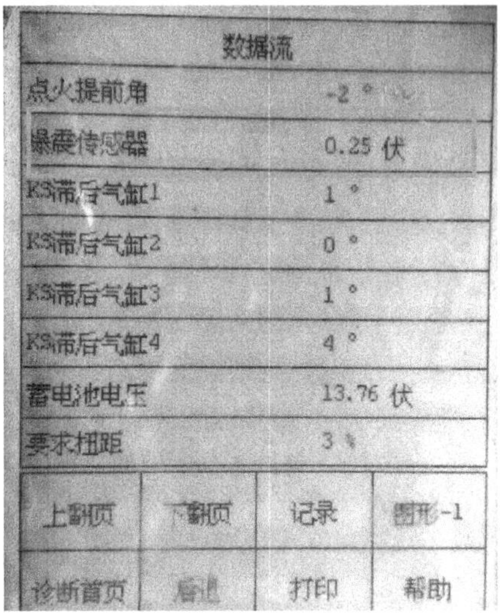

图 2-52 爆燃传感器的数据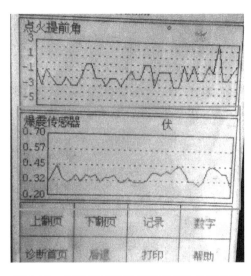

图 2-53 示波器读取爆燃传感器的信号变化

2. 点火系统诊断思路

点火系统诊断思路如图 2-54 所示。

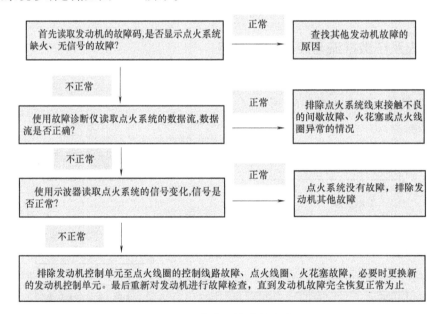

图 2-54 点火系统诊断思路

四、点火系统数据流与波形故障诊断实例

1. 广州本田雅阁发动机缺火故障

【故障现象】

一辆 2016 年款广州本田雅阁 2.0L 轿车，行驶里程 3.3 万 km，车主反映该车加速无力，发动机故障灯点亮。

【故障诊断与排除】

1）4S 店接车后进行全面的检查，发现发动机怠速抖动，于是使用 HDS 故障诊断仪检测，无发动机故障码存储。

2）查看发动机数据流，发现 2 缸缺火。互换 2 缸和 3 缸点火线圈后，2 缸缺火提示消失，3 缸出现了缺火，说明 2 缸点火线圈工作不良。

3）更换 2 缸点火线圈后，发动机怠速抖动的现象消失，故障彻底排除。

2. 上汽通用别克威朗发动机缺火故障

【故障现象】

一辆 2016 年款上汽通用别克威朗 1.5T 轿车，行驶里程 2.3 万 km，车主反映该车加速无力，车身抖动严重，接着发动机故障灯点亮。

【故障诊断与排除】

1）使用故障诊断仪检查发现发动机缺火，故障码为 P0300，如图 2-55 所示。

图 2-55　读取发动机故障码

2）如图 2-56 所示，查找发动机缺火的数据记录，发现发动机 1 缸缺火 19597 次。

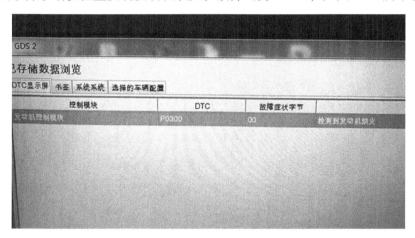

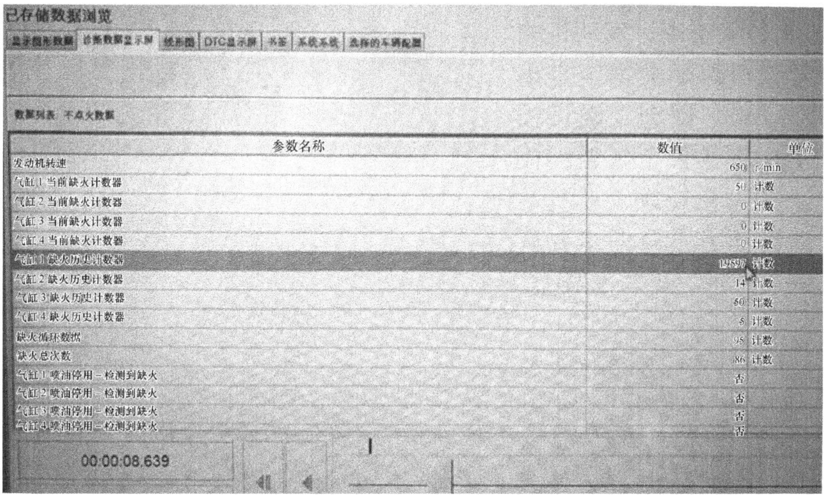

图 2-56　查找发动机缺火的数据记录

3）对1缸火花塞和点火线圈进行替换检查，故障依旧；使用良好的发动机控制单元（ECU）进行替换测试，发动机工作正常。

4）最终更换新的发动机控制单元（ECU），故障彻底排除。

3. 新宝来发动机爆燃故障

【故障现象】

一辆2008年款新宝来1.6L轿车，行驶里程20.3万km，车主反映该车加速无力，在急加速状态下发动机也发出"咯咯咯"的响声。

【故障诊断与排除】

1）接车后，维修人员首先用VAS5052A故障诊断仪对汽车进行诊断，没有发现任何故障码。

2）进入发动机数据流，当发动机处于怠速状态时，发动机没有响声，它们的爆燃数据流正常，如图2-57所示。

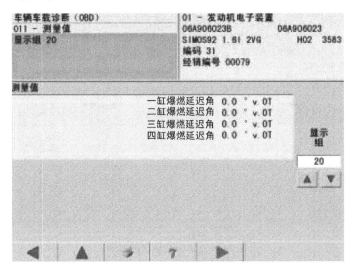

图2-57 怠速爆燃数据流正常

3）在加速的状态下，发动机响声出现，此时读取爆燃数据流也出现异常（图2-58）。因为发动机控制单元（ECU）将点火角延迟到极限即12.75°，所以会导致发动机动力下降。发动机动力下降的主要原因有燃烧室积炭严重、火花塞异常、燃油质量过差等。

4）经过仔细检查，发现发动机进气歧管及燃烧室严重积炭，将发动机的积炭彻底清洁干净后发动机恢复正常，故障彻底排除。

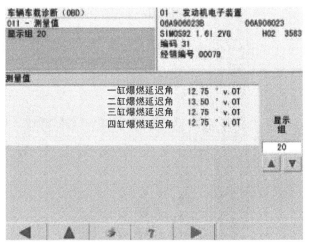

图2-58 急加速爆燃数据流异常

第四节　排放控制系统数据流与波形

一、排放控制系统数据流分析

1. 炭罐指令

炭罐指令是一个状态参数，显示内容为 ON 或 OFF。它表示发动机控制单元（ECU）输出至活性炭罐电磁阀的控制信号。发动机控制单元（ECU）在冷车或怠速运转时让电磁阀关闭，切断发动机进气歧管至活性炭罐的真空通路，停止活性炭罐的净化工作，此时该参数显示为 OFF。发动机在热车并以高于怠速转速运转时，发动机控制单元（ECU）让电磁阀打开，导通炭罐至发动机进气歧管的真空通路，此时该参数显示为 ON。如果在数值分析时发现该参数显示规律有异常，说明发动机控制单元（ECU）或某些传感器有故障。

蒸发排放控制系统，简称 EVAP 系统，如图 2-59 所示。EVAP 系统防止燃油箱中产生的燃油蒸气进入大气。来自燃油箱的燃油蒸气通过蒸气管/软管暂时存储在活性炭罐中。当驾驶车辆时，储存在活性炭罐中的燃油蒸气流过活性炭罐电磁阀和净化孔，进入进气歧管送往燃烧室。发动机冷却液温度过低或进气量过小时（例如当发动机怠速时），发动机控制单元（ECU）将活性炭罐电磁阀关闭，以切断流到进气歧管的燃油蒸气。这样不仅能够确保发动机冷机时或在低负载状况下运转时的驾驶性能，而且能够稳定排放水平。

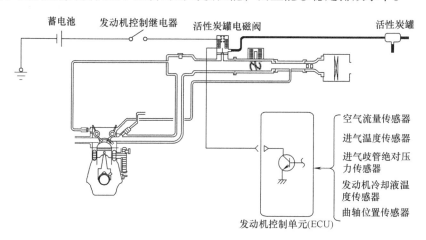

图 2-59　蒸发排放控制系统

（1）万用表检查活性炭罐电磁阀

1）从活性炭罐电磁阀上拆下真空软管。

2）从进气歧管上拆下活性炭罐电磁阀。

3）断开活性炭罐电磁阀插接器。

4）如图 2-60 所示，将手动真空泵连接到此活性炭罐电磁阀的管嘴（A），通过检查活性炭罐电磁阀加电压（直接来自蓄电池）和不加电压时的真空度变化，来检查它的气密性。如果与表 2-4 的规定不符

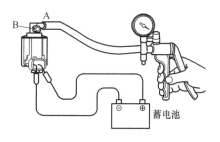

图 2-60　手动真空泵检查活性炭罐电磁阀

合，说明活性炭罐电磁阀损坏。

表 2-4 活性炭罐电磁阀气密性检查

蓄电池电压	管嘴 B 的状态	正常状况
加电压	打开	真空泄漏
	插入	保持真空
不加电压	打开	保持真空

5）测量活性炭罐电磁阀两端子之间的电阻，阻值应为 22～26Ω（20℃），如果与规定不符合，说明活性炭罐电磁阀损坏。

（2）促动器测试活性炭罐电磁阀　利用故障诊断仪的功能对活性炭罐电磁阀进行测试，见表 2-5。

表 2-5 活性炭罐电磁阀促动器测试

项　目	驱动内容	检查状态	正常状况	分　析
活性炭罐电磁阀	将电磁阀从 OFF 切换至 ON	点火开关：ON	电磁阀动作时，可以听到电磁阀工作的声音	如果电磁阀与规定不符合，应排除电磁阀控制线束故障，必要时更换电磁阀后重新测试

2. 废气再循环指令

如图 2-61 所示，废气再循环指令是一个状态参数，其显示内容为 YES（有些车型为 ON）或 NO（有些车型为 OFF）。该参数表示发动机控制单元（ECU）是否输出控制信号让废气再循环控制电磁阀打开。该参数显示为 YES 或 ON 时，表示发动机控制单元（ECU）输出控制信号，废气再循环控制电磁阀接到信号通路，打开真空通路，让真空进入废气再循环阀，使废气再循环装置开始工作。该参数显示为 NO 或 OFF 时，电磁阀不通电，切断废气再循环阀的真空。该参数在汽车停车或发动机处于怠速、开环控制状态时显示为

图 2-61　废气再循环指令

NO 或 OFF，在汽车行驶状态下通常显示为 YES 或 ON。该参数仅仅反映发动机控制单元（ECU）有无输出控制信号，它不表示废气再循环控制电磁阀是否接到该信号及是否已打开。

废气再循环控制系统，也称 EGR 系统，它主要由 EGR 阀、EGR 阀位置传感器、EGR 管以及发动机控制单元（ECU）（ECM/PCM）组成，如图 2-62 所示。

EGR 阀工作时，ECM/PCM 根据存储器内的不同条件下理想的 EGR 阀开度参数控制 EGR 阀，EGR 阀位置传感器检测 EGR 阀的开度，并将信号送至发动机控制单元（ECU），ECU 将此开度与根据输入信号计算出的理想开度进行比较，如有不同，将减少 EGR 阀的电流，减少施加到 EGR 阀的真空度，使 EGR 再循环的废气量改变。

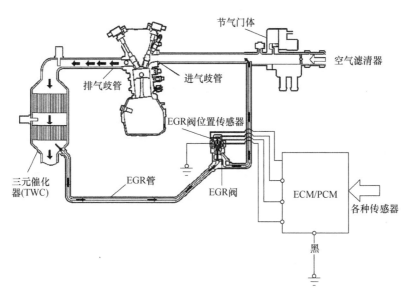

图 2-62　废气再循环控制系统

3. 氧传感器工作参数

氧传感器工作参数表示由发动机排气管上的氧传感器所测得的排气的浓稀状况。有些双排气管的汽车将这一参数显示为左氧传感器工作状态和右氧传感器工作状态两种参数。排气中的氧气含量取决于进气中混合气的空燃比。氧传感器是测量发动机混合气浓稀状态的主要传感器。氧传感器必须被加热至300℃以上才能向发动机控制单元提供正确的信号。而发动机控制单元（ECU）必须处于闭环控制状态才能对氧传感器的信号做出反应。

氧传感器工作参数的类型依车型而不同，有些车型以状态参数的形式显示出来，其变化为浓或稀；也有些车型将它以数值参数的形式显示出来，其数字单位为mV。浓或稀表示排气的总体状态，mV表示氧传感器的输出电压。该参数在发动机热车后以中速（1500～2000r/min）运转时，呈现浓稀的交替变化或输出电压在100～900mV之间来回变化，每10s内的变化次数应大于8次（0.8Hz）。若该参数变化缓慢，或不变化，或数值异常，则说明氧传感器或发动机控制单元（ECU）内的反馈控制系统有故障。

4. EGR阀参数

使用诊断仪读取车辆数据流中EGR阀信号输出电压值（也可通过测量工作状态信号线电压）。此时EGR阀应处于工作状态，诊断仪所测电压值应逐渐升高直至稳定在1.25～4.85V范围内。

1）若诊断仪所测EGR阀信号电压值稳定在0.45～1.25V内不变，说明EGR阀卡滞未打开，检查排除线束问题后清洗或更换EGR阀。

2）若稳定在高于5V的某一电压值或稳定在0～0.45V内的某一电压值，检查EGR阀线束插接是否虚接，线路是否破损串线；若排除线束问题则应更换EGR阀。

3）若原车存在EGR阀开度设定值与实际值的差值超过下限，或EGR阀被卡在打开状态故障码，反复急踩或急松加速踏板，检查EGR工作电压是否快速变化，如无法正常变化，则清洗或更换EGR阀。

4)若原车存在 EGR 阀开度设定值与实际值的差值超过上限,或 EGR 阀被卡在关闭状态故障码,则证明低速 EGR 阀可正常打开关闭,但高速状态下 EGR 开启阻力过大或无法打开。

5. 空燃比闭环

空燃比闭环是一个状态参数,其显示内容为 ON(有些车型显示 YES)或 OFF(有些车型显示 NO)。该参数表示发动机是否进入闭环控制状态,在发动机刚起动处于怠速状态时,一般为开环状态,此时显示为 OFF 或 NO;当发动机起动后,温度等参数均达到正常状态时,发动机进入闭环控制状态,此时显示读值应为 ON 或 YES,如图 2-63 所示。

6. 开环控制

开环控制就是发动机控制单元(ECU)按照预先设定的程序来调整喷油量、进气量等相关参数,不涉及发动机尾气的监控反馈信号。当发动机在起动阶段,发动机温度未达到正常温度时,一般进行开环控制,此时显示读值为 YES;当发动机结束开环控制状态进入闭环控制后,显示读值为 NO。

7. 闭环控制

闭环控制就是发动机利用排气管的三元催化器附近安装氧传感器,以检测尾气中氧的含量,并把反馈信号传送给发动机控制单元(ECU),发动机控制单元(ECU)再根据氧浓度值来调整喷油和进气等相关参数,这就是闭环控制。当发动机处于闭环控制时,此时显示读值为 YES,否则显示读值为 NO。

8. 三元催化器老化

三元催化器的载体部件是一块多孔陶瓷材料(图 2-64),安装在特制的排气管当中,称它是载体,是因为它本身并不参加催化反应,参与反应的是在它表面覆盖的一层铂、铑、钯等稀有金属。

图 2-63 闭环控制

图 2-64 三元催化器

三元催化器最低要在 350℃的时候起反应,温度过低时,转化效率急剧下降;三元催化器最佳的工作温度是 400~800℃,过高也会使三元催化器的催化剂老化加剧,在理想的空燃比(14.7∶1)下,催化转化的效果最理想。三元催化器老化一般是由于三元催化器过热造成的,当三元催化器内部的温度超过 900℃后,载体上的催化剂成分铂、铑、钯等稀有金属就会因高温烧损而脱落,使化学反应不能正常进行。当三元催化器老化,该参数显示读值为 YES,否则显示为 NO。

二、排放控制系统波形分析

1. EGR 阀位置传感器波形

1) 将示波器信号测量线探针插入传感器信号线中，起动发动机并加速，观察波形变化情况。

2) 如图 2-65 所示，当 EGR 阀打开时波形上升，这时废气排放；当 EGR 阀关闭时，波形下降，这时限制废气排出。汽车怠速时，EGR 阀是关闭的，不需要废气再循环；汽车正常加速时，EGR 阀开大；汽车减速时，EGR 阀也是关闭的。

2. 氧传感器波形分析

1) 首先将汽车示波器与发动机氧传感器连接，然后改变发动机的转速，测试在 2500r/min 和其他稳定转速下的氧传感器波形，氧传感器波形如图 2-66 所示。

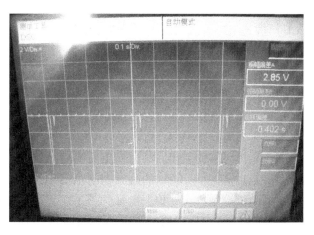

图 2-65 EGR 阀位置传感器波形

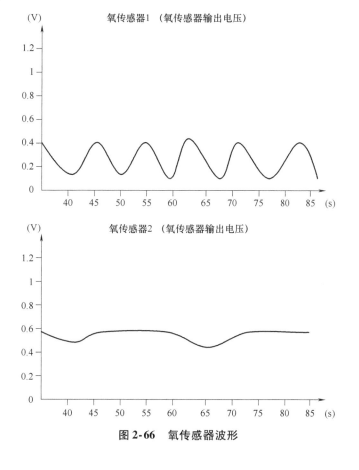

图 2-66 氧传感器波形

2）正常运行的三元催化器因其储氧能力而使下游氧传感器的动态响应与上游氧传感器相比受到明显的阻尼，下游氧传感器动态响应曲线的振幅将非常小。

反之，如果下游氧传感器信号电压的波形非常接近上游氧传感器，只不过相位略滞后，则发动机控制单元认为三元催化器效率过低。

3）对于上游氧传感器（也称氧传感器1），加速工况下混合气加浓，该信号电压应接近1000mV；减速工况下混合气变稀，该信号电压应接近100mV。如果在发动机控制单元（ECU）进入闭环控制之后该信号电压保持低于175mV达15s，或者在加速工况下该信号电压保持低于600mV达15s，则发动机控制单元（ECU）认为该传感器信号电压偏低，不可信。

如果在发动机控制单元（ECU）进入闭环控制之后信号电压保持高于800mV达15s，或者在减速工况下该信号电压保持高于110mV达15s，则发动机控制单元（ECU）认为该传感器信号电压偏高，不可信。

随着氧传感器的老化，其信号电压响应速度越来越低，表现为动态响应曲线趋于平缓，其斜率的绝对值变小。100s的监测期间信号电压从低到高和从高到低的跳变次数均小于45次，则发动机控制单元（ECU）认为该上游氧传感器已老化。

4）对于下游氧传感器（也称氧传感器2），信号电压在闭环控制情况下必须低于75mV达150s，才算过低；在闭环控制情况下必须高于999mV或在减速工况下必须高于200mV达105s，才算过高。

下游氧传感器被判为活性不足的指标数值范围也比上游氧传感器小。下游氧传感器信号电压必须在更小的范围（即425~475mV）之间保持更长时间（即100s）才是活性不足。发动机起动后下游氧传感器得到活性前所经历的时间超过215~435s之间某一数值才算加热器故障。

三、排放控制系统数据流与波形诊断思路

排放控制系统数据流与波形诊断思路如图2-67所示。

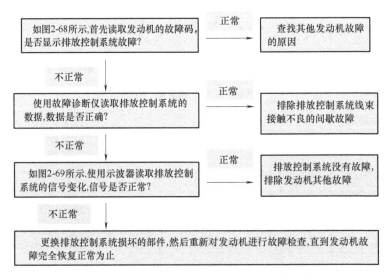

图2-67　排放控制系统数据流与波形诊断思路

第二章 发动机数据流与波形的分析及故障诊断

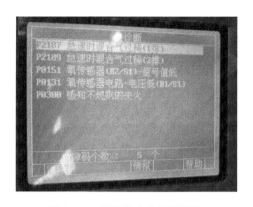

图 2-68 使用故障诊断仪读取排放控制系统故障码

图 2-69 使用示波器读取排放控制系统的信号变化

四、排放控制系统数据流与波形故障诊断实例

1. 马自达 3 星骋前氧传感器故障

【故障现象】

一辆 2015 年款马自达 3 星骋 1.6L 轿车，行驶里程 4.3 万 km，车主反映该车加速无力。

【故障诊断与排除】

1）首先使用故障诊断仪读取故障码，P0031：前氧传感器故障，如图 2-70 所示。

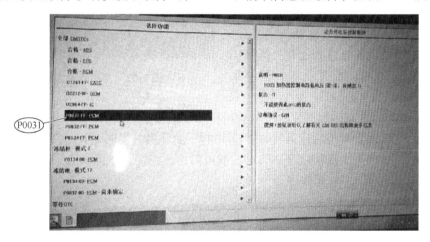

图 2-70 前氧传感器故障码

2）如图 2-71 所示，读取前氧传感器的波形变化，发现前氧传感器呈直线，说明前氧传感器确实存在故障。

3）重新更换新的前氧传感器（图 2-72），然后进行试车，故障彻底排除。

2. 雪佛兰乐风 EGR 阀故障

【故障现象】

一辆 2010 年款雪佛兰乐风 1.6L 轿车，行驶里程 18.2 万 km，车主反映该车发动机故障灯亮。

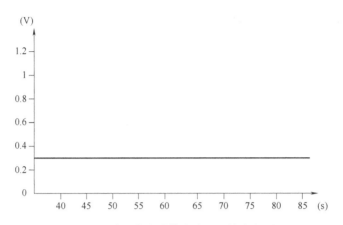

图 2-71 前氧传感器故障波形（输出电压）

【故障诊断与排除】

1）首先使用故障诊断仪读取故障码，显示 P1404：EGR 阀关闭异常。用故障诊断仪的动作测试功能，令 EGR 阀动作。此时可以观察到发动机怠速有波动，而且也可听到 EGR 阀动作的声音，说明 EGR 阀可以动作，并出现 EGR 阀关闭异常的情况。

2）在发动机怠速运转时，断开 EGR 阀插接器后再插上，同时观察发动机的变化。当断开插接器时发动机转速有变化，插回插接器时，也会有波动。反复试验，其结果不变。

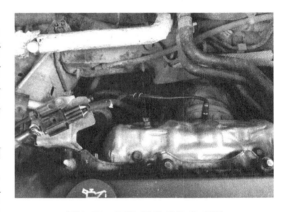

图 2-72 更换新的前氧传感器

3）怠速时读取发动机数据流，可以看出在插上插接器的瞬间 EGR 的开度立刻由全闭变为全开，实际情况是发动机怠速运转时，EGR 阀不能开启，说明 EGR 阀确实存在异常。

4）更换 EGR 阀后，反复试车，发动机故障灯不再点亮，故障彻底排除。

3. 别克君威轿车 EGR 阀故障

【故障现象】

一辆 2015 年款别克君威 2.0L 轿车，行驶里程 18.2 万 km，车主反映该车发动机故障灯亮。

【故障诊断与排除】

1）维修人员试车，发现该车行驶并无明显异常。检测发动机控制单元，发现 P0405：废气再循环传感器 A 电路低故障码。

2）根据 EGR 阀的原理进行分析，由于 EGR 阀主要是将排气管中的少量废气送回燃烧室重新参与燃烧，以降低燃烧温度，从而减少氮氧化物的排放，所以初步认为是 EGR 阀积炭过多导致 EGR 阀卡滞。

3）从发动机上拆下 EGR 阀，发现 EGR 阀进气口有很多积炭，于是使用清洗剂将 EGR 阀进行清洗，如图 2-73 所示。

4）清洗干净 EGR 阀后重新装复，发动机恢复正常，故障排除。

4. 宝马 523Li 前氧传感器故障

【故障现象】

一辆 2011 年款宝马 523Li 2.5L 轿车，行驶里程 17.2 万 km，车主反映行驶中发动机故障灯点亮，油耗增加，加速无力。

图 2-73 清洗 EGR 阀

【故障诊断与排除】

1）维修人员首先通过故障诊断仪进行诊断检测，读取发动机控制系统故障码，显示 0029D0 气缸 4、0029D1 气缸 5、0029D2 气缸 6 均气缸失火，此外还出现 002C9D 三元催化器前氧传感器加热器 2 等故障信息，如图 2-74 所示。

2）3 个气缸的点火系统同时出现故障的可能性不大，于是重点对三元催化器前氧传感器 2 进行分析。三元催化器前氧传感器 2 为第 4 缸、5 缸、6 缸共用的三元催化器前面的氧传感器，它可以准确探测废气中的氧气浓度，从而计算出燃烧室内的空燃比。而后氧传感器是普通的氧传感器，其原理为通过比较废气和大气中氧的浓度差，当废气中的氧含量高时，浓度差小，电压值就小，接近 0V；当废气中的氧含量低时，浓度差大，电压值就高，接近 1V；当浓度差变化

图 2-74 宝马 523Li 故障信息

了，电压值会在 0~1V 之间变化。当前氧传感器出现故障，发动机会在开环下工作，发动机油耗增加。

3）读取 DME 空燃比的控制数据流，如发现三元催化器前氧传感器信号电压为 2.05V，在正常范围之内；三元催化器前氧传感器 2 的信号为 3.01V，信号电压超出正常范围，初步确定三元催化器前的氧传感器 2 存在故障。

4）将两个前氧传感器插头拔掉，清除掉故障码。再次起动着车，发动机运转恢复正常。如图 2-75 所示，读取故障码显示两个前氧传感器故障，三个气缸没有出现熄火的故障信息，说明 4、5、6 气缸的前氧传感器 2 内部确实出现故障。

5）更换新三元催化器的前氧传感器 2 后故障彻底排除。

图 2-75 显示两个前氧传感器故障信息

5. 广州本田雅阁 EGR 阀故障

【故障现象】

一辆2011年款广州本田雅阁2.0L轿车，行驶了6.9万km，行驶时起步无力，有时会熄火。

【故障诊断与排除】

1）根据维修经验，首先对燃油系统及三元催化器进行检查，发现三元催化器严重堵塞。对三元催化器进行清洗后故障有所减轻，但还是出现熄火的现象。

2）再次试车，用HDS故障诊断仪分析发动机的行驶数据和波形，发现该车在起步稍微加速时，且保持在该位置后，发动机转速会忽高忽低。EGR阀升程控制指令很平稳，但EGR的执行情况不稳，上下波动（图2-76），说明EGR阀有卡滞的故障。

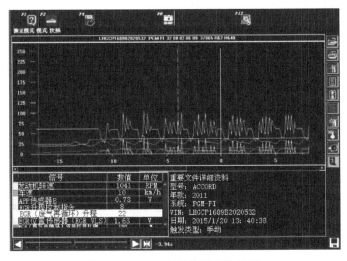

图2-76 EGR阀故障数据和波形

3）更换EGR阀后，再用HDS故障诊断仪检测EGR数据和波形，EGR阀的数据和波形（图2-77）恢复正常，故障排除。

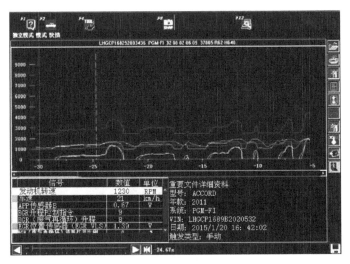

图2-77 EGR阀正常数据和波形

第五节　发动机其他数据流与波形

一、发动机其他数据流分析

1. 发动机冷却液温度传感器

发动机冷却液温度是一个数值参数，其单位可以通过检测仪选择为℃或℉。在单位为℃时其变化范围为 -40~199℃（图2-78）。该参数表示发动机控制单元（ECU）根据冷却液温度传感器送来的信号计算后得出的冷却液温度数值。该参数的数值应能在发动机冷车起动至热车的过程中逐渐升高，在发动机完全热车后怠速运转时的冷却液温度应为 85~105℃。当发动机冷却液温度传感器信号电路断路或与电源电路短路/搭铁电路断路，显示约93.0℃（图2-79）。

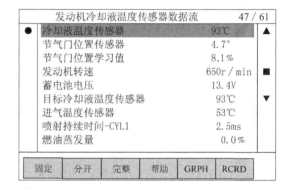

图2-78　发动机冷却液温度传感器升温数据流　　图2-79　发动机冷却液温度传感器数据流

在有些车型中，发动机冷却液温度信号为电压信号，单位为 V。该电压和冷却液温度之间的比例关系依控制电路的方式不同而不同，通常成反比例关系，即冷却液温度低时电压高，冷却液温度高时电压低，该参数值的范围为 0~5V。

如果发动机工作时，冷却系统的节温器已完全打开，而冷却液温度不是逐渐上升，而是下降好几度，这就表明冷却液温度传感器已损坏。冷却液温度传感器损坏会引起发动机过热、油耗增加、发动机怠速不稳等异常情况。

2. 车速传感器

车速传感器的参数是由发动机或自动变速器控制单元（ECM，TCM）根据车速传感器的信号计算出的汽车车速数值，国内车速参数的显示单位一般为 km/h（图2-80）。车速参数是发动机控制自动变速器的主要参数，也是进行巡航控制的重要参数。

3. 曲轴位置传感器

曲轴位置传感器是发动机电子控制系统中最主要的传感器之一，它提供点火时刻（点火提前角）、确认曲轴位置的信号，用于检测活塞上止点、曲轴转角及发动机转速。曲轴位置传感器安装在气缸体或变速器壳上，在发动机运行时通过这个传感器和信号轮构成的磁场产生交流电。信号轮在360°CA（曲轴角）上包括58个导槽和2个缺齿。如

图 2-81 所示,曲轴位置传感器数据流通过诊断仪读取,然后进行对比即可了解到发动机的工作状态。

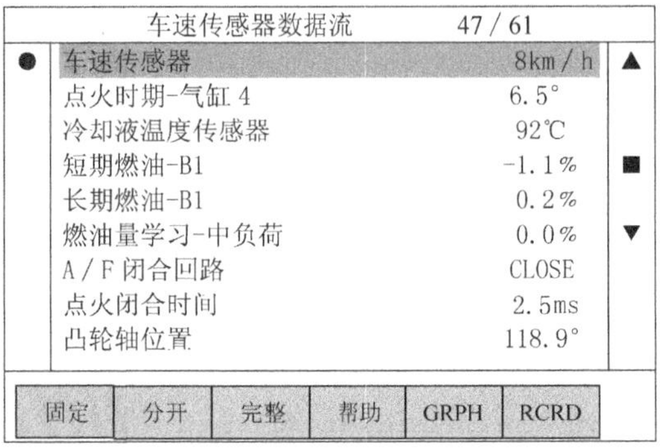

图 2-80 车速传感器数据流

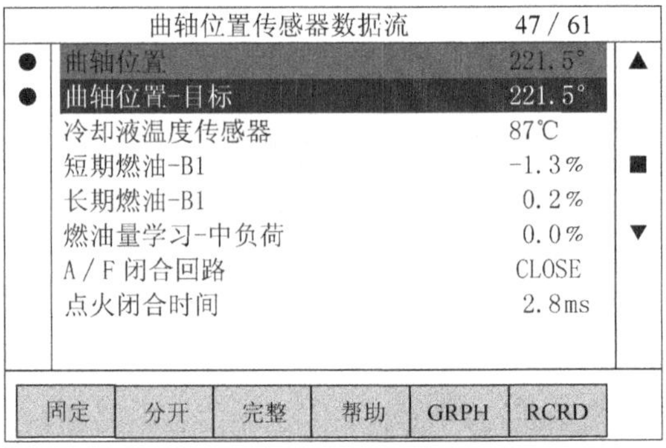

图 2-81 曲轴位置传感器数据流

4. 凸轮轴位置传感器

凸轮轴位置传感器是霍尔传感器,使用霍尔元件检测凸轮轴位置。它与曲轴位置传感器有关,检测凸轮轴位置传感器不能检测的各气缸活塞位置。它安装在发动机罩上并使用安装在凸轮轴上的信号轮。此传感器有一个霍尔效应集成电路(IC),当有电流流动时,IC 上产生磁场,从而使 IC 输出电压改变。如图 2-82 所示,凸轮轴位置传感器数据流通过诊断仪读取,然后进行对比即可了解到发动机的工作状态。

5. 凸轮轴信号

凸轮轴信号是一个数值参数,该参数显示输入至发动机控制单元的凸轮轴信号数百分比(%),其范围为 0~255,在达到 255 后,读值会返回到 0%,如图 2-83 所示。

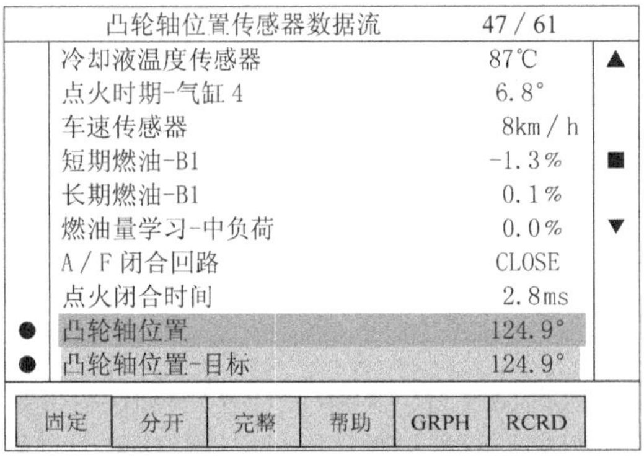

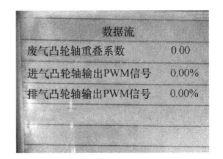

图 2-82 凸轮轴位置传感器

图 2-83 凸轮轴信号

6. 凸轮轴调整机构

可调式凸轮轴有两个位置(一个正常位置,另一个调整位置),该参数表示凸轮轴调整机构所处的状态。如果其状态为 ON,则此时凸轮轴为可调整状态;当其显示状态为 OFF 时,此时凸轮轴为不可调状态。为了使凸轮轴进入调整位置,可以 2 档低速行驶,然后将加速踏板踩到底加速,凸轮轴高速功能起动后,凸轮轴位置才可以进行调整。如果调整功能不工作,检查 ECU 是否识别全负荷工况。注意:凸轮轴调整功能只在全负荷时才能工作。

7. 发动机起动温度

在某些汽车上,当接通点火开关,发动机控制单元(ECU)开始工作时,首先检查发动机冷却液温度传感器的读值,并将该值储存在发动机控制单元(ECU)中,直至发动机熄火并再次起动时。如果发动机连续几小时没有起动,则发动机冷却液温度将会非常接近环境温度,而在热起动时,该参数可能会显示较高的数值。在起动后迅速比较起动时温度读值和发动机冷却液温度值,它们应相等,随着发动机温度上升,发动机冷却液温度数值也应上升。如果两者都维持原来读值,则可能发动机冷却液温度传感器电路有故障。

8. 机油温度

机油温度是一个数值参数,它的单位是℃,如图 2-84 所示。该参数表示发动机机油温度,不同的汽车发动机生产厂对发动机的最高油温有不同的规定。一般来说,发动机机油温度应在 75~95℃,如果机油温度长期超过 100℃则需要对发动机进行维修。

9. 燃油箱油位

燃油箱油位是一个数值参数,它的单位是 L。该参数由燃油油位传感器提供,位于燃油箱内的燃油油位传感器提供燃油箱内当前燃油的油位值,并显示燃油箱内存储燃油的数量,如图 2-85 所示。如果燃油量过低,将会影响汽车行驶的里程,甚至导致发动机起动困难。

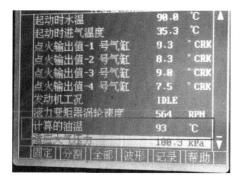

图 2-84 发动机机油温度

图 2-85 燃油箱油位

10. 燃油容积流量

如图 2-86 所示,燃油容积流量是一个数值参数,它的单位是 L/h。该参数主要反映当前燃油的消耗量。如果燃油容积流量过大,说明发动机油耗过大,将会影响汽车行驶的里程。

11. 机油油位

机油油位是一个数值参数,它的单位是%(图 2-87),该参数显示机油满足发动机运行的程度,如果机油液位不足或油位过高则显示不正常,否则显示正常。

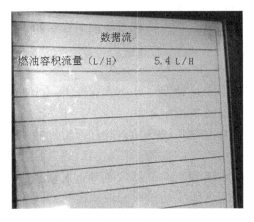
图2-86 燃油容积流量参数

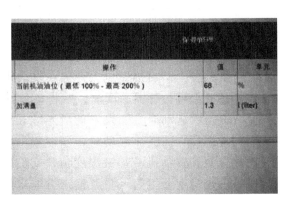
图2-87 机油油位

12. 发动机负载

发动机负载是一个数值参数,该参数显示值范围为 0~100%。发动机负载是由发动机控制单元(ECU)通过发动机转速和空气流量传感器读数计算的,发动机负载随转速或气流的增加而增加,如图2-88所示。

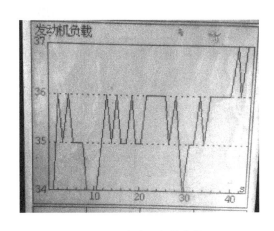
图2-88 发动机负载参数

13. 全负荷开关

在装有自动变速器的汽车上普遍设置有全负荷开关,当加速踏板踩到底时,就会触动全负荷开关,此时显示 ON,否则显示 OFF。

14. 减速断油

如图2-89所示,减速断油是一个状态参数,该参数是减速断油的极限状态,减速时,当节气门位置、进气歧管绝对压力、发动机转速达到发动机控制单元(ECU)内存储程序中最小规定值时,发动机控制单元将切断燃油,此时参数读值为 YES,其余状态应为 NO。

15. 起动机开关

起动机开关反映点火开关起动电路是否通过起动机电磁阀已接通,因此当电路接通并且发动机转动时，该参数读值为 ON（或起动），如图 2-90 所示；当电路断开时，读值为 OFF（或断开）。起动机开关信号主要是告诉发动机控制单元（ECU）发动机的起动工况，为了改善起动性能，在起动发动机时必须使混合气加浓。发动机控制单元（ECU）利用起动（STA）信号，确认发动机处于起动状态，自动增加喷油量，在起动瞬时关闭某些用电设备，保证起动机有足够的电流。

图 2-89　减速断油

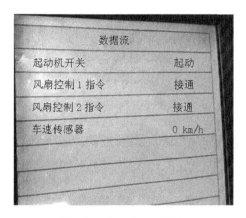

图 2-90　起动机开关信号

二、发动机其他波形分析

1. 发动机冷却液温度传感器

1）拔下发动机冷却液温度传感器线束插头。

2）使用示波器测量线束侧电压的波形，如图 2-91 所示。当插上发动机冷却液温度传感器插头后，此方波电压幅值会降低，但频率不变化，占空比也不变化。

图 2-91　发动机冷却液温度传感器波形

2. 车速传感器

发动机控制单元（ECU）接收来自车速传感器的信息，当汽车在慢转或静止时，就可以调节发动机的怠速。车速传感器有三条线：一条是电源线，一条是搭铁线，一条是数字方波信号输出线。

1）用千斤顶把一个轮子顶起来，将示波器连接到车速传感器上。

2）起动发动机，选择一个档位，在示波器上会看到一个从12V到0V变换的波形（图2-92），随着车速的增加，变换频率也会增加。

3）确认从一个脉冲到另一个脉冲的幅度，频率和形状是一致的，也就是说幅度够大通常等于传感器的供电电压，两脉冲间隔一致，形状一致，且与预期的相同。

3. 曲轴位置传感器

1）将示波器探针连接到曲轴位置传感器插接器的信号端子，如图2-93所示。

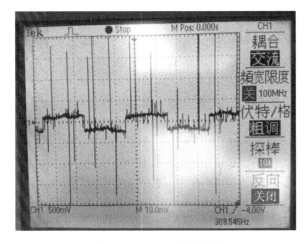

图2-92 车速传感器波形

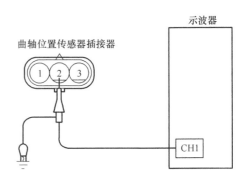

图2-93 曲轴位置传感器波形测试示意图

2）如图2-94所示，测试波形，确认从一个脉冲到另一个脉冲幅值，频率和形状等判定性尺寸是一致的，这意味着数值脉冲的幅度足够高（通常等于传感器供电电压），脉冲间隔一致（同步脉冲除外），形状一致且可预测。波形离地不能太高，若太高说明曲轴位置传感器电阻太大或搭铁不良。

4. 凸轮轴位置传感器

1）将示波器探针连接到凸轮轴位置传感器插接器的信号端子，如图2-95所示。

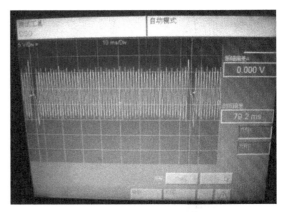

图2-94 曲轴位置传感器波形

2）起动发动机，观察凸轮轴位置传感器的信号波形（图2-96），确认从一个脉冲到另一个脉冲幅值变化要一致，否则说明凸轮轴位置传感器存在故障。

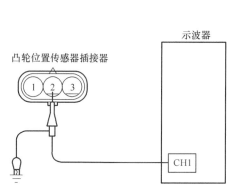
图 2-95　凸轮轴位置传感器波形测试示意图

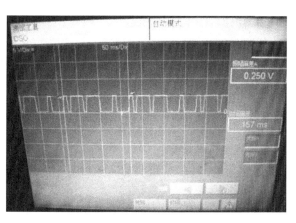
图 2-96　凸轮轴位置传感器波形

三、发动机其他数据流与波形诊断思路

发动机其他数据流与波形诊断思路如图 2-97 所示。

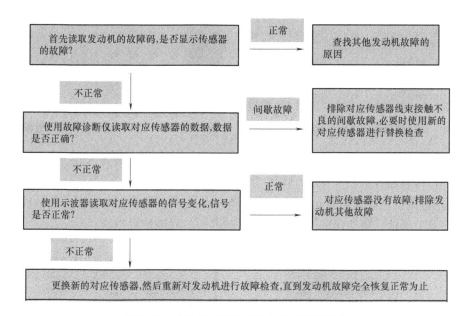

图 2-97　发动机其他数据流与波形诊断思路

四、发动机其他数据流与波形故障诊断实例

1. 广州本田奥德赛凸轮轴位置传感器故障

【故障现象】

一辆 2015 年款广州本田奥德赛 2.4L 轿车，行驶里程 8.7 万 km，车主反映该车加速无力，发动机故障灯点亮。

【故障诊断与排除】

1）接车后进行全面的检查，没有发现任何插接器脱落或损坏的异常情况。

55

2）使用本田 HDS 诊断仪读取故障码，显示故障码 P0365：凸轮轴位置传感器电路无信号，如图 2-98 所示。

3）更换凸轮轴位置传感器后，发动机故障彻底排除。

2. 北京现代雅尊凸轮轴位置传感器故障

【故障现象】

一辆 2015 年款北京现代雅尊 3.0L 轿车，行驶里程 4.6 万 km，车主反映该车怠速发抖。

【故障诊断与排除】

1）使用故障诊断仪读取故障码，显示 P0341：凸轮轴位置传感器故障，如图 2-99 所示。

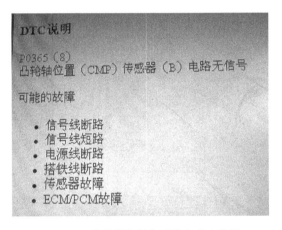

图 2-98 凸轮轴位置传感器电路无信号

图 2-99 凸轮轴位置传感器故障信息

2）用示波器查看凸轮轴位置传感器的波形，发现有异常的杂波（图 2-100），初步判断凸轮轴位置传感器故障。

3）使用良好的凸轮轴位置传感器进行替换检查，然后测试凸轮轴传感器的波形恢复正常，如图 2-101 所示。更换新的凸轮轴位置传感器后，故障彻底排除。

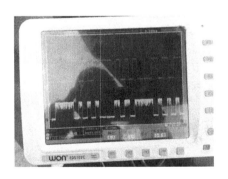

图 2-100 凸轮轴位置传感器故障波形

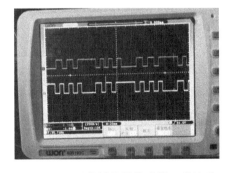

图 2-101 凸轮轴位置传感器正常波形

3. 大众新帕萨特轿车发动机起动困难

【故障现象】

一辆 2013 年款大众新帕萨特 2.0TSI 轿车，行驶里程 16.6 万 km，车主反映该车发动机起动困难。

【故障诊断与排除】

1）首先使用故障诊断仪 VAS5051B 检测发动机控制系统，发现存储了故障码 P0015——曲轴位置与凸轮轴位置相关性，气缸列 1 传感器 A（静态），如图 2-102 所示。

2）根据该故障码初步分析为曲轴与凸轮轴正时错误有关，于是使用示波器检查曲轴与凸轮轴的正时对应关系，发现曲轴和凸轮轴传感器显示的正时波形确实不正确，如图 2-103 所示。

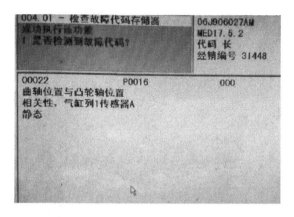

图 2-102　曲轴位置与凸轮轴故障码

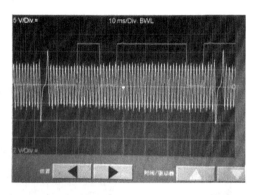

图 2-103　曲轴和凸轮轴传感器故障波形

3）造成曲轴和凸轮轴传感器波形故障可能原因包括进气凸轮轴调节电磁阀故障、凸轮轴调节阀故障、凸轮轴调节机构卡滞、机油压力不足、正时链条拉长等。

4）拔下凸轮轴调节电磁阀再次检查波形，发现波形没有任何变化。使用执行元件测试功能，检查凸轮轴调节电磁阀不工作，说明凸轮轴调节电磁阀线路或凸轮轴调节电磁阀故障。

5）仔细查找凸轮轴调节电磁阀线路正常，检查凸轮轴调节阀发现有卡滞的异常情况，于是更换凸轮轴调节阀，发动机恢复正常。

4. 奥迪 A6L 轿车发动机加速无力

【故障现象】

一辆 2010 年款奥迪 A6L2.0T 轿车，行驶里程 16.69 万 km，车主反映该车发动机加速无力。

【故障诊断与排除】

1）首先使用故障诊断仪 VAS5052A 读取故障码，显示为"P0011　气缸列 1 凸轮轴延迟目标未达到（静态）"和"P2088　气缸列 1 凸轮轴调节对地短路（静态）"（图 2-104）。根据故障码的提示，初步判断为凸轮轴正时调节阀故障。

2）使用故障诊断仪 VAS5052A 功能获取凸轮轴正时调节阀的波形（图 2-105），然后读取正常车辆的波形（图 2-106），发现两辆车的波形不一致，故判断是凸轮轴调节阀阀芯卡滞引起的故障。

3）重新更换凸轮轴正时调节阀（图 2-107），然后清除故障码，发动机故障排除。

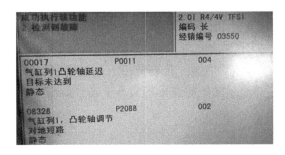

图 2-104 凸轮轴正时调节系统故障信息

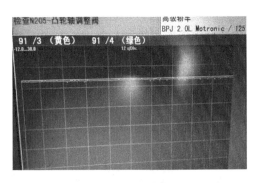

图 2-105 故障车凸轮轴正时调节阀波形

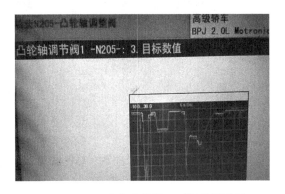

图 2-106 正常车凸轮轴正时调节阀波形

图 2-107 凸轮轴正时调节阀

第六节 发动机控制单元（ECU）数值参数

一、丰田车系发动机控制单元（ECU）数值参数

丰田车系发动机控制单元（ECU）数值参数，见表2-6。

表 2-6 丰田车系发动机控制单元（ECU）数值参数

参　数	解　析	显示标准值
Injector（喷油器）	1号气缸的喷射时间：0~32ms	当怠速时1.92~3.37ms
IGN Advance（点火提前角）	1号气缸的点火正时提前角：5°~15°	怠速时BTDC 8°
Calculate Load（计算出的负荷）	ECM 计算的负载0%~100%	当怠速时3.3%~26.7% 当2500r/min的转速运转时12%~14.7%
Vehicle Load（车辆负荷）	车辆负荷：0%~25700%	实际车辆负荷（负荷百分比）
AF（空气流量）	用空气流量计测定的空气流量：0~160.0g/s	当怠速时0.58~4.67g/s 当2500r/min的转速运转时3.33~9.17g/s

第二章　发动机数据流与波形的分析及故障诊断

（续）

参　　数	解　　析	显示标准值
Engine Speed（发动机转速）	发动机转速：0~8000r/min	当急速时610~710r/min
Vehicle Speed（车速）	车速最小0~255km/h	实际车速
Coolant Temp（冷却液温度）	发动机冷却液温度：-40~140℃	当暖机后80~100℃ 当-40℃为传感器电路存在断路 当140℃为传感器电路存在短路
Intake Air（进气）	进气温度：-40~140℃	显示环境空气温度 当-40℃为传感器电路存在断路 当140℃为传感器电路存在短路
Air-Fuel Ratio（空燃比）	和理论值相比的空燃比0~1.999V	当急速时0.8~1.2V 小于1过稀 大于1过浓
Purge Density Learn Value（净化浓度习得值）	净化密度学习值（标准范围-50~350）	当急速时-40~10
Purge Flow（净化流）	蒸发净化流和进气量的比率0%~102.4%	当急速时0%~10%
EVAP（Purge）VSV（EVAP净化VSV）	净化VSV控制占空比：0%~100%	当急速时10%~50%
Knock Feedback Value（爆燃反馈值）	爆燃反馈值：-64~1984CA	当行驶速度70km/h时为-20~0CA
Accelerator Idle Position（加速踏板急速位置）	加速踏板位置传感器状态：ON或OFF	ON：急速
Fail Safe Drive（失效驱动）	执行失效保护功能：ON或OFF	ON：ETCS（电节气门控制系统）失效
ST1（制动踏板信号）	制动踏板信号：ON或OFF	ON：踩下制动踏板
Throttle Position（节气门位置）	节气门位置传感器：0%~100%	当节气门全关时10%~22% 当节气门全开66%~98%
Throttle Idle Position（节气门急速位置）	节气门位置传感器状态：ON或OFF	ON：急速
Throttle Require Position（节气门要求位置）	节气门位置：0~5V	当急速时为0.5~1.0V
Throttle Position Command（节气门位置指令）	节气门位置指令值：0~5V	点火开关ON（IG）（发动机不起动）时读取数值0.5~4.9V
Throttle Motor（节气门电动机）	节气门执行器控制：ON或OFF	ON：急速
Throttle Motor Current（节气门电动机电流）	节气门执行器电流：0~80A	0~3.0A：急速
Throttle Motor Duty（Open）（节气门电动机开启时的占空比）	节气门执行器占空比（开度）：0%~100%	0%~40%：急速

(续)

参　　数	解　　析	显示标准值
O2S B1 S2	2号加热式氧传感器的输出电压：0~1.275V	当行驶速度70km/h为0.1~0.9V
AFS B1 S1	1号A/F传感器电压输出：0~7.999V	当急速时为2.8~3.8V
Initial Engine Coolant Temp（发动机冷却液初始温度）	发动机起动时的发动机冷却液温度：-40~120℃	接近于环境空气温度
Initial Intake Air Temp（进气初始温度）	发动机起动时的进气温度：最小为-40~120℃	接近于环境空气温度
Injection Volume（Cylinder 1）（1号气缸喷油量）	喷油量（1号气缸）：0~2.048mL	急速时0~0.15mL
Starter Signal（起动机信号）	起动机开关（STSW）信号：ON或OFF	转动：ON
Power Steering Switch（动力转向机构开关）	动力转向机构信号：ON或OFF	动力转向机构操作：ON
A/C Signal（空调信号）	空调信号：ON或OFF	空调ON：ON
Neutral Positon SW Signal（空档位置SW信号）	PNP开关状态：ON或OFF	P位或N位：ON
Stop Light Switch（制动灯开关）	制动灯开关：ON或OFF	踩下制动踏板：ON
ETCS Actuator Power（ETCS执行器电源）	ETCS电源：ON或OFF	ON：点火开关ON（IG），系统正常
+BM Voltage（+BM电压）	+BM电压	9~14V：点火开关ON（IG），系统正常
Actuator Power Supply（执行器电源）	执行器电源供给：ON或OFF	急速：ON
Atmosphere Pressure（大气压力）	大气压力：0~255kPa	点火开关ON（IG）约100kPa
EVAP Purge VSV（EVAP净化VSV）	净化VSV状态：ON或OFF	加速：ON
Fuel Pump/Speed Status（燃油泵/转速状态）	燃油泵状态：ON或OFF	发动机运转：ON
VVT Control Status（Bank 1）（1列VVT控制状态）	VVT控制状态（1列）：ON或OFF	—
Electric Fan Motor（电动风扇电动机）	电动风扇电动机：ON或OFF	电动风扇电动机运行：ON
Ilde Fuel Cut（急速燃油切断）	燃油切断后空转：ON或OFF	燃油切断运行：ON
Ignition（点火）	点火计数器：0~400	0~400
Cylinder #1 Misfire Rate（1号气缸缺火率）	1号气缸缺火率：0~255	0
Cylinder #2 Misfire Rate（2号气缸缺火率）	2号气缸缺火率：0~255	0

(续)

参　数	解　析	显示标准值
Cylinder #3 Misfire Rate（3号气缸缺火率）	3号气缸缺火率：0~255	0
Cylinder #4 Misfire Rate（4号气缸缺火率）	4号气缸缺火率：0~255	0
All Cylinders Misfire Rate（所有气缸缺火率）	所有气缸缺火率：0~255	0

二、本田车系发动机控制单元（ECU）数值参数

本田车系发动机控制单元（ECU）数值参数，见表2-7。

表2-7　本田车系发动机控制单元（ECU）数值参数

参　数	解　析	显示标准值
散热器风扇控制	起动散热器风扇继电器	当散热器风扇运转时：约0V
		当散热器风扇停止时：蓄电池电压
空调冷凝器风扇控制	起动空调冷凝器风扇继电器	当空调冷凝器风扇运转时：约0V
		当空调冷凝器风扇停止时：蓄电池电压
PGM-FI主继电器1	起动PGM-FI主继电器1	当打开点火开关至ON（Ⅱ）时：约0V
		当关闭点火开关：蓄电池电压
空调压缩机离合器继电器	起动空调压缩机离合器继电器	当压缩机起动时：约0V
		当压缩机关机时：蓄电池电压
防起动装置燃油泵继电器	起动PGM-FI主继电器2（燃油泵）	当打开点火开关至ON（Ⅱ）后2s时约为0V，然后为蓄电池电压
		当发动机运转时为0V
空调压力传感器	测试空调压力传感器信号	当接通空调开关时为1.4~4.8V
加速踏板位置（APP）传感器A	测试APP传感器A信号	打开点火开关至ON（Ⅱ）并踩下加速踏板时：约为4.7V
		打开点火开关至ON（Ⅱ）并释放加速踏板时：约为1.0V
加速踏板位置（APP）传感器B	测试APP传感器B信号	打开点火开关至ON（Ⅱ）并踩下加速踏板时：约为2.4V
		打开点火开关至ON（Ⅱ）并释放加速踏板时：约为0.5V
电子节气门控制系统控制继电器	起动电子节气门控制系统（ETCS）控制继电器	打开点火开关至ON（Ⅱ）时：约为0V
PGM-FI副继电器	起动PGM-FI副继电器	打开点火开关至ON（Ⅱ）时：约为0V

(续)

参　　数	解　　析	显示标准值
废气再循环（EGR）阀	驱动 EGR 阀	当 EGR 运转时：负荷控制
		当 EGR 未运转时：约为 0V
燃油蒸发（EVAP）活性炭罐净化阀	驱动 EVAP 活性炭罐净化阀	发动机处于运转，并且发动机冷却液温度低于 60℃ 时为蓄电池电压
		当发动机处于运转，并且发动机冷却液温度高于 60℃ 时为负荷控制
副加热氧传感器（副 HO2S）加热器	驱动副 HO2S 加热器	当打开点火开关至 ON（Ⅱ）时为蓄电池电压
		当发动机工作温度正常时为负荷控制
油压开关	测试发动机油压信号	打开点火开关至 ON（Ⅱ）时：约为 0V
		发动机运转时：约为 5.0V
发动机冷却液温度（ECT）传感器 1	测试 ECT 传感器 1 信号	打开点火开关至 ON（Ⅱ）时：为 0.1 ~ 4.8V（根据发动机冷却液温度而变化）
废气再循环（EGR）阀位置传感器	测试 EGR 阀位置传感器信号	当发动机运转时为 1.2 ~ 3.0V（取决于 EGR 升程）
空气质量流量计（MAF）传感器	测试 MAF 传感器信号	急速时：约为 1.5V
进气温度（IAT）传感器	测试 IAT 传感器信号	当打开点火开关至 ON（Ⅱ）时为 0.1 ~ 4.0V（正常运行温度下约为 1.8V）
摇臂油控电磁阀	驱动摇臂油控电磁阀	急速时：约为 0V
进气歧管调节（IMT）作动器	驱动 IMT 作动器	打开点火开关至 ON（Ⅱ）时：约为 0V
进气歧管调节（IMT）阀监控器	测试 IMT 阀位置	打开点火开关至 ON（Ⅱ）时：约为 0V
交流发电机控制	发送交流发电机控制信号	工作温度下发动机运转时：约为 7.5V
交流发电机 L 信号	测试交流发电机 L 信号	打开点火开关至 ON（Ⅱ）时：约为 0V
		发动机运转时：蓄电池电压
交流发电机 FR 信号	测试交流发电机 FR 信号	发动机运转时：0.5 ~ 3.0V（根据电负荷）
节气门作动器	驱动节气门作动器	打开点火开关至 ON（Ⅱ），且加速踏板释放时：约为 0V
		打开点火开关至 ON（Ⅱ），且加速踏板踩下时：约为 0V
1 号喷油器	驱动 1 号喷油器	当打开点火开关至 ON（Ⅱ）时蓄电池电压
		当急速时为负荷控制

第二章 发动机数据流与波形的分析及故障诊断

（续）

参　数	解　析	显示标准值
2号喷油器	驱动2号喷油器	当打开点火开关至ON（Ⅱ）时为蓄电池电压
		当怠速时为负荷控制
3号喷油器	驱动3号喷油器	当打开点火开关至ON（Ⅱ）时为蓄电池电压
		当怠速时为负荷控制
4号喷油器	驱动4号喷油器	当打开点火开关至ON（Ⅱ）时为蓄电池电压
		当怠速时为负荷控制
A/F传感器加热器控制（传感器1）	驱动A/F传感器加热器（传感器1）	当打开点火开关至ON（Ⅱ）时为蓄电池电压
		当暖机后发动机运转时为负荷控制
进气歧管绝对压力传感器（MAP）	测试MAP传感器信号	当打开点火开关至ON（Ⅱ）时约为3.0V
		当怠速时约为1.0V
1号点火线圈脉冲	驱动1号点火线圈	当打开点火开关至ON（Ⅱ）时约为0V
		当发动机运转时为脉冲信号
2号点火线圈脉冲	驱动2号点火线圈	当打开点火开关至ON（Ⅱ）时约为0V
		当发动机运转时为脉冲信号
3号点火线圈脉冲	驱动3号点火线圈	当打开点火开关至ON（Ⅱ）时约为0V
		当发动机运转时为脉冲信号
4号点火线圈脉冲	驱动4号点火线圈	当打开点火开关至ON（Ⅱ）时约为0V
		当发动机运转时为脉冲信号
节气门位置（TP）传感器A	测试TP传感器A信号	打开点火开关至ON（Ⅱ），且加速踏板踩下时：约为3.9V
		打开点火开关至ON（Ⅱ），且加速踏板释放时：约为0.9V
节气门位置（TP）传感器B	测试TP传感器B信号	打开点火开关至ON（Ⅱ），且加速踏板踩下时：约为4.1V
		打开点火开关至ON（Ⅱ），且加速踏板释放时：约为1.7V
副HO2S（传感器2）	测试副HO2S（传感器2）信号	急速时节气门完全开启，使发动机暖机运转：约为0.9V
		节气门快速关闭时：低于0.4V
空燃比（A/F）传感器（传感器1）信号	测试A/F传感器（传感器1）信号	急速时：约为2.2V
凸轮轴位置（CMP）传感器	测试CMP传感器信号	发动机运转时：脉冲

(续)

参　数	解　析	显示标准值
曲轴位置（CKP）传感器	测试 CKP 传感器信号	发动机运转时：脉冲
发动机机油液位传感器信号	测试发动机机油液位传感器信号	打开点火开关至 ON（Ⅱ）：脉冲
发动机装配座控制电磁阀	驱动发动机装配座控制电磁阀	急速时：约为 0V
		超过急速时：蓄电池电压
		打开点火开关至 ON（Ⅱ）时：蓄电池电压

三、马自达车系发动机控制单元（ECU）数值参数

马自达车系发动机控制单元（ECU）数值参数，见表 2-8。

表 2-8　马自达车系发动机控制单元（ECU）数值参数

参　数	解　析	显示标准值
主继电器控制	驱动主继电器	当点火开关转至 OFF 位置为蓄电池电压
		当点火开关转至 ON 位置低于 1.0V
冷却风扇主控制	驱动 1 号冷却风扇继电器	当急速时，冷却风扇工作时低于 1.0V
		当急速时，冷却风扇不工作为蓄电池电压
冷却风扇副控制	驱动 2 号冷却风扇继电器	冷却风扇工作时低于 1.0V
		冷却风扇不工作时为蓄电池电压
APP 传感器 1 电压	驱动 APP 传感器 1	当点火开关转至 ON 位置时约为 5.0V
APP 传感器 2 电压	驱动 APP 传感器 2	当点火开关转至 ON 位置时约为 5.0V
APP 传感器 1 信号	反馈 APP 传感器 1 信号	当点火开关转至 ON 位置，并且加速踏板松开时约为 0.8V
		当点火开关转至 ON 位置，并且踩下加速踏板时约为 4V
APP 传感器 2 信号	反馈 APP 传感器 2 信号	当点火开关转至 ON 位置，并且加速踏板松开时约为 0.4V
		当点火开关转至 ON 位置，并且踩下加速踏板时约为 2V
制动开关信号	驱动制动开关	当踩下制动踏板时为蓄电池电压
		当松开制动踏板时应低于 1.0V
MAF 信号	驱动 MAF 传感器	当点火开关转至 ON 位置时约为 0.7V
		急速约为 1.2V
IAT 传感器信号	驱动 IAT 传感器	当点火开关转至 ON 位置，IAT 为 20℃时约为 2.38V
		IAT 为 60℃时约为 0.89V

(续)

参　　数	解　　析	显示标准值
A/C 开关	驱动 A/C 开关	当急速时，并且 A/C 运行时应低于 1.0V
		当急速时，并且 A/C 不运行时应为蓄电池电压
制冷剂压力开关	测试制冷剂压力开关	当 A/C 开启时，制冷剂压力超过 1550kPa 时应低于 1.0V
		当 A/C 开启时，制冷剂压力低于 1250kPa 时应为蓄电池电压
点火开关（IG1）	驱动点火开关或点火继电器	当点火开关转至 OFF 位置时低于 1.0V
		当点火开关转至 ON 位置时应为蓄电池电压
起动机继电器控制	驱动起动机继电器	在任何条件下低于 1.0V
巡航车速控制开关信号	测试巡航车速控制开关信号	① 当点火开关转至 ON 位置，并且关闭巡航 ON/OFF 开关时为 0V
		② 当点火开关转至 ON 位置，并且按下 CANCEL 开关时约为 1.3V
		③ 当点火开关转至 ON 位置，并且按下 SET（−）开关约为 2.4V
		④ 当点火开关转至 ON 位置，并且按下 SET（+）开关约为 3.2V
		⑤ 当点火开关转至 ON 位置，并且按下 RESUME 开关约为 3.9V
		⑥ 当点火开关转至 ON 位置，并且打开 ON/OFF 开关时约为 4.3V
A/F 传感器加热器控制信号	驱动 A/F 传感器加热器	当发动机工作时有脉冲信号变化
HO2S 加热器控制信号	驱动 HO2S 加热器	当发动机工作时有脉冲信号变化
清污电磁阀控制	驱动清污电磁阀	当发动机工作时有脉冲信号变化
可变涡流控制	驱动可变涡流电磁阀	当急速运转时，并且 ECT 温度高于 63℃ 时应蓄电池电压
		当急速运转，ECT 温度低于 63℃，并且发动机转速低于 3500r/min 时应低于 1.0V
可变进气控制	驱动可变进气电磁阀	当发动机转速大于 4500r/min 时应为蓄电池电压
		当发动机转速小于 4500r/min 时应低于 1.0V
1 缸点火线圈	测试 1 缸点火线圈	当发动机工作时有脉冲信号变化
2 缸点火线圈	测试 2 缸点火线圈	当发动机工作时有脉冲信号变化
3 缸点火线圈	测试 3 缸点火线圈	当发动机工作时有脉冲信号变化

(续)

参　　数	解　　析	显示标准值
4缸点火线圈	测试4缸点火线圈	当发动机工作时有脉冲信号变化
爆燃传感器	测试爆燃传感器信号	当发动机工作时有脉冲信号变化
发电机磁场线圈控制	测试发电机磁场线圈控制信号	当发动机工作时有脉冲信号变化
发电机输出电压	测试发电机输出电压	当发动机工作时电压在14.5V左右
MAP传感器	测试MAP传感器信号	当点火开关转至ON位置时应为4.0V
		当怠速时应为1.2V左右
ECT传感器	测试ECT传感器信号	当点火开关转至ON位置时，并且ECT温度为20℃时应为3.04~3.14V
		当点火开关转至ON位置时，并且ECT温度为80℃时应为0.76~0.83V
1号TP传感器信号	测试1号TP传感器信号	当点火开关转至ON位置，并且松开加速踏板时应为0.6V
		当点火开关转至ON位置，并且踩下加速踏板时应为4.2V
2号TP传感器信号	测试2号TP传感器信号	当点火开关转至ON位置，并且松开加速踏板时应为4.4V
		当点火开关转至ON位置，并且踩下加速踏板时应为0.8V
TP传感器电压	测试TP传感器电压	当点火开关转至ON位置应为5.0V
CKP传感器电压	测试CKP传感器	当点火开关转至ON位置时应为蓄电池电压
		当点火开关转至OFF位置时低于1.0V
1缸喷油器	测试1缸喷油器控制信号	当发动机工作时有脉冲信号变化
2缸喷油器	测试2缸喷油器控制信号	当发动机工作时有脉冲信号变化
3缸喷油器	测试3缸喷油器控制信号	当发动机工作时有脉冲信号变化
4缸喷油器	测试4缸喷油器控制信号	当发动机工作时有脉冲信号变化
节气门执行器控制	驱动节气门体	当暖机怠速时应为3.5~5.5V

四、大众车系发动机控制单元（ECU）数值参数

大众车系发动机控制单元（ECU）数值主要分为不同的组号来显示，具体的内容如下。

1. 显示组号"01"

显示组号"01"主要是发动机在不同转速状态下，故障诊断仪检测发动机的节气门开度和点火提前角的变化规律，其屏幕显示为：

第二章 发动机数据流与波形的分析及故障诊断

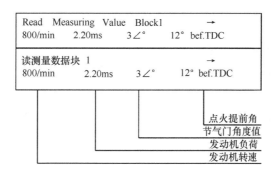

显示组号"01"上各参数的变化规律,见表2-9。

表2-9 显示组号"01"上各参数的变化规律

参　数	显　示　值	数　值　分　析
发动机转速	0~7500r/min	发动机转速范围
	800r/min±30r/min	急速正常
	小于770r/min	① 发动机急速过低,节气门体过脏或卡滞 ② 进气系统积炭过多 ③ 喷油雾化不良等
	大于830r/min	① 急速控制系统故障 ② 进气系统有泄漏 ③ 发动机负荷增加,如空调打开等
发动机负荷(曲轴每转喷油持续时间)	1.00~2.5ms	急速时发动机正常喷油时间
	小于1.00ms	① 进气系统漏气 ② 燃油系统压力过低,可能喷油器堵塞。燃油滤清器堵塞,燃油泵供油不足或者燃油压力调节器损坏等
	大于2.50ms	① 发动机负荷太大,在发动机急速转速正常的条件,一般情况下表示空气流量传感器性能不良,应检测或更换空气流量传感器 ② 节气门控制系统故障 ③ 燃油系统压力过高
节气门角度值	0~5∠°	发动机急速时
	35∠°(固定值)	节气门位置传感器故障
	急速时大于5∠°	① 节气门控制单元J338没有进行基本设定 ② 节气门控制单元J338损坏 ③ 节气门体过脏
点火提前角	12°±4.5°	急速时点火正时的正常值
	小于7.5°	发动机动力不足
	大于16.5°	发动机容易产生爆燃现象,发动机的温度会升高

2. 显示组号"02"

显示组号"02"主要是在发动机不同转速下，故障诊断仪检测发动机的喷油脉宽和空气流量的变化规律，其屏幕显示为：

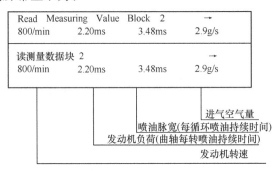

显示组号"02"上各参数的变化规律，见表2-10。

表2-10 显示组号"02"上各参数的变化规律

参　　数	显　示　值	数　值　分　析
发动机转速	0～7500r/min	发动机转速范围
	800r/min±30r/min	怠速正常
	小于770r/min	① 发动机怠速过低，节气门体过脏或卡滞 ② 进气系统积炭过多 ③ 喷油雾化不良等
	大于830r/min	① 怠速控制系统故障 ② 进气系统有泄漏 ③ 发动机负荷增加，如空调打开等
发动机负荷（曲轴每转喷油持续时间）	1.00～2.5ms	怠速时发动机正常喷油时间
	小于1.00ms	① 进气系统漏气 ② 燃油系统压力过低，可能喷油器堵塞。燃油滤清器堵塞，燃油泵供油不足或者燃油压力调节器损坏等
	大于2.50ms	① 发动机负荷太大，在发动机怠速转速正常的条件，一般情况下表示空气流量传感器性能不良，应检测或更换空气流量传感器 ② 节气门控制系统故障 ③ 燃油系统压力过高
喷油脉宽（每循环喷油持续时间）	2.0～5.0ms	怠速时，喷油脉宽的正常值
	小于2.0ms	① 燃油蒸发控制系统排入进气歧管的燃油蒸气比例较高（可能是活性炭罐电磁阀常开） ② 喷油器堵塞或喷油控制系统故障
	大于5.0ms	发动机负荷太大，在发动机怠速转速正常的条件，一般情况下表示空气流量传感器性能不良

（续）

参　　数	显　示　值	数值分析
进气空气量	2.0~4.0g/s	急速时空气流量正常值
	小于2.0g/s	进气系统有漏气故障，主要在空气流量计传感器和进气歧管之间
	大于4.0g/s	发动机负荷太大，有其他用电器再工作，如空调装置等

3. 显示组号"03"

显示组号"03"主要是在发动机不同转速下，故障诊断仪检测发动机蓄电池、发动机冷却液温度和进气温度的变化规律，其屏幕显示为：

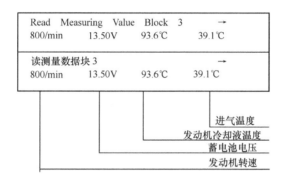

显示组号"03"上各参数的变化规律，见表2-11。

表2-11　显示组号"03"上各参数的变化规律

参　　数	显　示　值	数值分析
发动机转速	0~7500r/min	发动机转速范围
	800r/min±30r/min	急速正常
	小于770r/min	① 发动机急速过低，节气门体过脏或卡滞 ② 进气系统积炭过多 ③ 喷油雾化不良等
	大于830r/min	① 急速控制系统故障 ② 进气系统有泄漏 ③ 发动机负荷增加，如空调打开等
蓄电池电压	11.50~14.50V	发动机急速时蓄电池电压的正常值
	小于11.5 V	① 蓄电池存在故障 ② 蓄电池存在漏电的情况
	大于14.5 V	交流发电机的电压调节器故障

(续)

参　数	显　示　值	数　值　分　析
发动机冷却液温度	85~105℃	急速时正常显示值
	小于85℃	① 小于85℃说明发动机没有暖机，应该在发动机暖机后再检测 ② 如果发动机暖机后发动机温度仍然小于85℃，则说明发动机冷却液温度传感器有故障 ③ 发动机冷却液温度传感器与发动机控制单元的线路故障
	大于105℃	① 发动机冷却液温度传感器有故障 ② 发动机散热器散热效果变差 ③ 散热器风扇不工作 ④ 节温器故障 ⑤ 发动机冷却水道堵塞等
进气温度	外界环境温度	正常值为随外界环境温度的变化而变化
	显示值始终为19.1℃	① 如果显示值始终为19.1℃不变化或与外界环境温度不符，则说明进气温度传感器故障 ② 进气温度传感器线路短路或断路

4. 显示组号"04"

显示组号"04"主要是在发动机急速状态下，故障诊断仪检测发动机节气门开度、急速空气质量测量值（空档位置）、急速空气质量测量值（在档位位置）和工作状态的变化规律，其屏幕显示为：

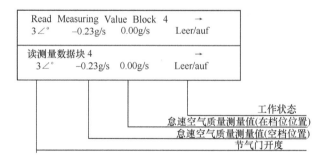

显示组号"04"上各参数的变化规律，见表2-12。

表2-12　显示组号"04"上各参数的变化规律

参　数	显　示　值	数　值　分　析
节气门角度值	0~5∠°	发动机急速时
	35∠°（固定值）	节气门位置传感器故障
	急速时大于5∠°	① 节气门控制单元J338没有进行基本设定 ② 节气门控制单元J338损坏 ③ 节气门体过脏

(续)

参　数	显　示　值	数　值　分　析
怠速空气质量测量值 （空档位置）	-1.7~+1.7g/s	怠速空气质量正常值
	小于-1.7g/s	节气门泄漏故障
	大于+1.7g/s	进气系统有泄漏或进气系统有堵塞故障
怠速空气质量测量值 （行驶档位置）	-1.7~+1.7g/s	怠速空气质量正常值
	小于-1.7g/s	节气门泄漏故障
	大于+1.7g/s	进气系统有泄漏或进气系统有堵塞故障
工作状态	Leer/auf	怠速正常显示为 Leer/auf，如果有其他显示，说明怠速开关故障

5. 显示组号 "05"

显示组号 "05" 主要是在发动机怠速状态下，故障诊断仪检测发动机转速实际值、怠速转速的设定值、怠速空气流量的变化规律，其屏幕显示为：

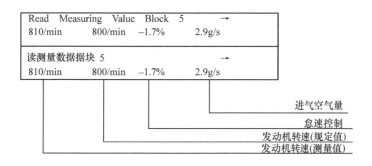

显示组号 "05" 上各参数的变化规律，见表 2-13。

表 2-13　显示组号 "05" 上各参数的变化规律

参　数	显　示　值	数　值　分　析
发动机转速	0~7500r/min	发动机转速范围
	800r/min±30r/min	怠速正常
	小于770r/min	① 发动机怠速过低，节气门体过脏或卡滞 ② 进气系统积炭过多 ③ 喷油雾化不良等
	大于830r/min	① 怠速控制系统故障 ② 进气系统有泄漏 ③ 发动机负荷增加，如空调打开等
发动机转速（规定值）	800r/min	发动机怠速正常显示值，在发动机处于怠速运转时该值保持不变
怠速控制	-10%~+10%	怠速时发动机正常显示值，它表示发动机处于怠速运转状态。如果不在规定范围内应检查并调整节气门控制器中的怠速节气门电位计，并再次进行基本设定

(续)

参　　数	显　示　值	数　值　分　析
进气空气量	2.0~4.0g/s	怠速时空气流量正常值
	小于2.0g/s	进气系统有漏气故障,主要在空气流量计传感器和进气歧管之间
	大于4.0g/s	发动机负荷太大,有其他用电器再工作,如空调装置等

6. 显示组号"06"

显示组号"06"主要是在发动机怠速状态下,故障诊断仪检测发动机转速实际值、怠速控制调节值、混合气λ控制值和怠速点火提前角的变化规律,其屏幕显示为:

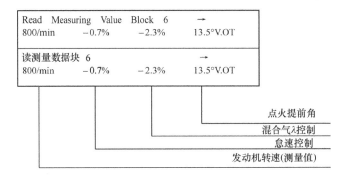

显示组号"06"上各参数的变化规律,见表2-14。

表2-14　显示组号"06"上各参数的变化规律

参　　数	显　示　值	数　值　分　析
发动机转速	0~7500r/min	发动机转速范围
	800r/min±30r/min	怠速正常
	小于770r/min	① 发动机怠速过低,节气门体过脏或卡滞 ② 进气系统积炭过多 ③ 喷油雾化不良等
	大于830r/min	① 怠速控制系统故障 ② 进气系统有泄漏 ③ 发动机负荷增加,如空调打开等
怠速控制	-10%~+10%	怠速时发动机正常显示值,它表示发动机处于怠速运转状态。如果不在规定范围内应检查并调整节气门控制器中的怠速节气门电位计,并再次进行基本设定
混合气λ控制	-10%~+10%	怠速正常显示值。如果不在此范围内则说明λ控制超差,应检查发动机的λ闭环控制系统的性能,如氧传感器故障、三元催化器老化或者混合气过浓等异常情况

(续)

参　　数	显　示　值	数　值　分　析
点火提前角	12°±4.5°	急速时点火正时的正常值
	小于7.5°	发动机动力不足
	大于16.5°	发动机容易产生爆燃现象，发动机的温度会升高

7. 显示组号"07"

显示组号"07"主要是在发动机急速状态下，故障诊断仪检测发动机混合气 λ 控制、急速控制调节值、氧传感器电压、活性炭罐电磁阀占空比和活性炭罐电磁阀工作时混合气修正值的变化规律，其屏幕显示为：

显示组号"07"上各参数的变化规律，见表2-15。

表2-15　显示组号"07"上各参数的变化规律

参　　数	显　示　值	数　值　分　析
混合气 λ 控制	-10%~+10%	急速正常显示值。如果不在此范围内则说明 λ 控制超差，应检查发动机的 λ 闭环控制系统的性能，如氧传感器故障、三元催化器老化或者混合气过浓等异常情况
氧传感器电压	0.1~1.0V	λ 调节显示范围
	0.1~0.3V	① 排气系统中残余的氧较多，混合气太稀，应检查或更换氧传感器 ② 检查进气系统漏气等与混合气浓度太稀有关的故障，如喷油器泄漏等
	0.7~1.0V	① 排气系统中残余的氧较少，混合气太浓，应检查或更换氧传感器 ② 检查空气滤清器是否脏污或堵塞 ③ 空气流量传感器脏污 ④ 燃油压力太高等与混合气浓度太浓有关的故障
	0.45~0.5V（保持）	氧传感器不工作，应检查或更换氧传感器
活性炭罐电磁阀占空比	0%~99%	正常显示值范围。当显示值为0%，说明电磁阀完全关闭；显示值为99%，说明电磁阀完全打开。如果显示值与活性炭罐电磁阀N80的工作条件不符，则说明活性炭罐电磁阀N80控制系统有故障，应检修活性炭罐电磁阀N80控制系统

(续)

参　　数	显　示　值	数　值　分　析
活性炭罐电磁阀工作时修正系数	λ < 1	燃油蒸发控制系统输送浓混合气，λ 控制减少燃油喷射持续时间
	λ = 1	燃油箱没有排气或输送标准混合气
	λ > 1	燃油蒸发控制系统输送稀混合气，λ 控制增加燃油喷射持续时间

8. 显示组号"08"

显示组号"08"主要是在发动机怠速状态下，故障诊断仪检测发动机 λ 控制过程，它显示喷油脉宽、混合气 λ 控制值、部分负荷时 λ 调节值和燃油蒸发控制系统工作状态的变化规律，其屏幕显示为：

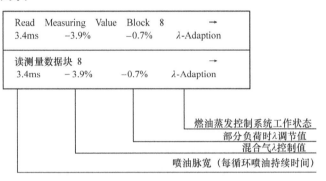

显示组号"08"上各参数的变化规律，见表2-16。

表2-16　显示组号"08"上各参数的变化规律

参　　数	显　示　值	数　值　分　析
喷油脉宽（每循环喷油持续时间）	2.0～5.0ms	怠速时，喷油脉宽的正常值
	小于2.0ms	① 燃油蒸发控制系统排入进气歧管的燃油蒸气比例较高（可能是活性炭罐电磁阀常开） ② 喷油器堵塞或喷油控制系统故障
	大于5.0ms	发动机负荷太大，在发动机怠速转速正常的条件，一般情况下表示空气流量传感器性能不良
混合气 λ 控制	-10%～+10%	怠速正常显示值。如果不在此范围内则说明 λ 控制超差，应检查发动机的 λ 闭环控制系统的性能，如氧传感器故障、三元催化器老化或者混合气过浓等异常情况
部分负荷时 λ 调节值	-8%～+8%	正常显示值为 -8%～+8%，如果不在此范围内则说明 λ 控制超差，应检查发动机的 λ 闭环控制系统的性能
燃油蒸发控制系统工作状态	TE Active	活性炭罐电磁阀动作
	TE not Active	活性炭罐电磁阀关闭
	λ-Adaption	活性炭罐电磁阀关闭，λ 调节在起作用

9. 显示组号 "13"

显示组号 "13" 主要是在发动机工作的情况下，故障诊断仪检测发动机爆燃控制过程，发动机冷却液的温度应不低于85℃，当发动机爆燃时各缸点火滞后角的变化规律，其屏幕显示为：

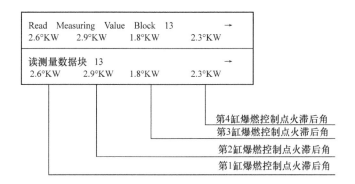

显示组号 "13" 上各参数的变化规律，见表2-17。

表2-17　显示组号 "13" 上各参数的变化规律

参　　数	显　示　值	数　值　分　析
第1缸爆燃控制点火滞后角	0°~15°KW	正常值显示值，各缸滞后角应小于6°kW。如果显示值超出正常范围，则说明爆燃控制系统不良，应检修爆燃控制系统，主要针对爆燃传感器进行检查
第2缸爆燃控制点火滞后角	0°~15°KW	
第3缸爆燃控制点火滞后角	0°~15°KW	
第4缸爆燃控制点火滞后角	0°~15°KW	

10. 显示组号 "14"

显示组号 "14" 主要是在发动机工作的情况下，故障诊断仪检测发动机第1缸和第2缸的爆燃控制情况，它主要显示发动机转速、发动机负荷、第1缸爆燃控制点火滞后角和第2缸爆燃控制点火滞后角的变化规律，其屏幕显示为：

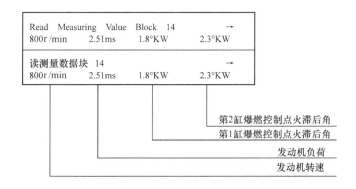

显示组号 "14" 上各参数的变化规律，见表2-18。

表 2-18 显示组号 "14" 上各参数的变化规律

参　　数	显　示　值	数　值　分　析
发动机转速	0～7500r/min	发动机转速范围
	800r/min±30r/min	怠速正常
	小于 770r/min	① 发动机怠速过低，节气门体过脏或卡滞 ② 进气系统积炭过多 ③ 喷油雾化不良等
	大于 830r/min	① 怠速控制系统故障 ② 进气系统有泄漏 ③ 发动机负荷增加，如空调打开等
发动机负荷（曲轴每转喷油持续时间）	1.00～2.5ms	怠速时发动机正常喷油时间
	小于 1.00ms	① 进气系统漏气 ② 燃油系统压力过低，可能喷油器堵塞。燃油滤清器堵塞，燃油泵供油不足或者燃油压力调节器损坏等
	大于 2.50ms	① 发动机负荷太大，在发动机怠速转速正常的条件下，一般情况下表示空气流量传感器性能不良，应检测或更换空气流量传感器 ② 节气门控制系统故障 ③ 燃油系统压力过高
第 1 缸爆燃控制点火滞后角	0°～15°KW	正常值显示值，两缸滞后角应小于 6°KW
第 2 缸爆燃控制点火滞后角	0°～15°KW	

11. 显示组号 "15"

显示组号 "15" 主要是在发动机工作的情况下，故障诊断仪检测发动机第 3 缸和第 4 缸的爆燃控制情况，它主要显示发动机转速、发动机负荷、第 3 缸爆燃控制点火滞后角和第 4 缸爆燃控制点火滞后角的变化规律，其屏幕显示为：

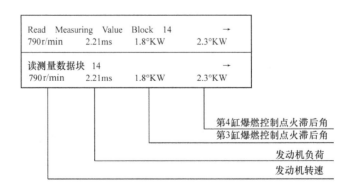

显示组号 "15" 上各参数的变化规律，见表 2-19。

表2-19 显示组号"15"上各参数的变化规律

参　　数	显　示　值	数　值　分　析
发动机转速	0～7500r/min	发动机转速范围
	800r/min±30r/min	急速正常
	小于770r/min	① 发动机急速过低，节气门体过脏或卡滞 ② 进气系统积炭过多 ③ 喷油雾化不良等
	大于830r/min	① 急速控制系统故障 ② 进气系统有泄漏 ③ 发动机负荷增加，如空调打开等
发动机负荷（曲轴每转喷油持续时间）	1.00～2.5ms	急速时发动机正常喷油时间
	小于1.00ms	① 进气系统漏气 ② 燃油系统压力过低，可能喷油器堵塞。燃油滤清器堵塞，燃油泵供油不足或者燃油压力调节器损坏等
	大于2.50ms	① 发动机负荷太大，在发动机急速转速正常的条件，一般情况下表示空气流量传感器性能不良，应检测或更换空气流量传感器 ② 节气门控制系统故障 ③ 燃油系统压力过高
第3缸爆燃控制点火滞后角	0°～15°KW	正常值显示值，两缸滞后角应小于6°KW
第4缸爆燃控制点火滞后角	0°～15°KW	

12. 显示组号"16"

显示组号"16"主要是在发动机工作的情况下，故障诊断仪检测发动机爆燃控制过程，发动机冷却液的温度应不低于85℃，当发动机爆燃时各缸点火滞后角的变化规律，其屏幕显示为：

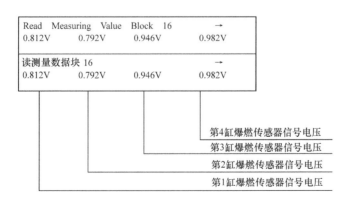

显示组号"16"上各参数的变化规律，见表2-20。

表2-20 显示组号"16"上各参数的变化规律

参　　数	显　示　值	数　值　分　析
第1缸爆燃传感器信号电压	0.300～1.400V	显示正常值，如果显示值不在正常值范围内，则应更换1、2缸或3、4缸爆燃传感器 注意：各缸爆燃传感器信号之间的偏差不得大于50%；在猛踩加速踏板时爆燃传感器信号最大可达5.1V
第2缸爆燃传感器信号电压	0.300～1.400V	
第3缸爆燃传感器信号电压	0.300～1.400V	
第4缸爆燃传感器信号电压	0.300～1.400V	

13. 显示组号"23"

显示组号"23"主要是在发动机工作时，故障诊断仪检测发动机节气门体是否需要进行匹配，它主要显示节气门控制部件的工作状态、节气门定位器的最小停止位置、节气门定位器紧急运行停止位置和节气门定位器最大停止位置的变化规律，其屏幕显示为：

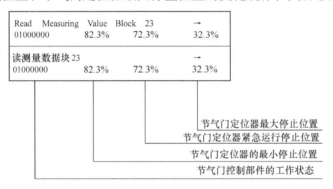

显示组号"23"上各参数的变化规律，见表2-21。

表2-21 显示组号"23"上各参数的变化规律

参　　数	显　示　值	数　值　分　析
节气门控制部件的工作状态	01000000	此参数表示节气门控制部件的匹配情况，如果显示其他数值，则应对节气门控制部件进行匹配。 第1位：无意义 第2位：表示节气门电位计G69与节气门定位电位计G88的匹配。0——表示未完成匹配；1——表示已完成匹配 第3位：无意义 第4位：表示节气门电位计G69最大停止位置调节过程。0——表示调节过程已完成，调节正常；1——表示调节过程未完成，调节不正常 第5位：表示节气门电位计G69最小停止位置调节过程。0——表示调节过程已完成，调节正常；1——表示调节过程未完成，调节不正常 第6位：表示节气门电位计G88最大停止位置调节过程。0——表示调节过程已完成，调节正常；1——表示调节过程未完成，调节不正常 第7位：表示节气门电位计G88最小停止位置调节过程。0——表示调节过程已完成，调节正常；1——表示调节过程未完成，调节不正常 第8位：无意义

(续)

参　数	显　示　值	数　值　分　析
节气门定位器的最小停止位置	72%~95%	正常显示值，发动机在进行自动稳定调节（自适应学习），怠速电动机（节气门定位器）自动确定其最小停止位置（下止点位置）
节气门定位器紧急运行停止位置	67%~83%	正常显示值，节气门定位器紧急运行停止位置就是当发动机控制单元（J220）对节气门定位器失去控制时，应急弹簧把节气门拉倒一个特定的紧急位置
节气门定位器最大停止位置	18%~54%	正常显示值，节气门定位器最大停止位置就是在怠速自适应学习过程中，发动机控制单元（J220）控制怠速电动机值最大位置（上止点位置）

14. 显示组号"26"

显示组号"26"主要是在发动机怠速的情况下，故障诊断仪检测发动机进气歧管和凸轮轴调整情况，主要显示发动机转速、发动机负荷、进气歧管切换/凸轮轴调整、激活的凸轮轴调整角的变化规律，其屏幕显示为：

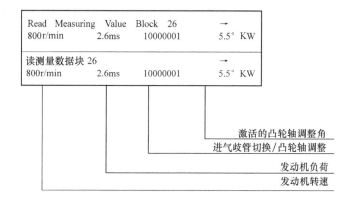

显示组号"26"上各参数的变化规律，见表2-22。

表2-22　显示组号"26"上各参数的变化规律

参　数	显　示　值	数　值　分　析
发动机转速	0~7500r/min	发动机转速范围
	800r/min±30r/min	怠速正常
	小于770r/min	① 发动机怠速过低，节气门体过脏或卡滞 ② 进气系统积炭过多 ③ 喷油雾化不良等
	大于830r/min	① 怠速控制系统故障 ② 进气系统有泄漏 ③ 发动机负荷增加，如空调打开等

(续)

参　　数	显　示　值	数值分析
发动机负荷（曲轴每转喷油持续时间）	1.00～2.5ms	怠速时发动机正常喷油时间
	小于1.00ms	① 进气系统漏气 ② 燃油系统压力过低，可能喷油器堵塞。燃油滤清器堵塞，燃油泵供油不足或者燃油压力调节器损坏等
	大于2.50ms	① 发动机负荷太大，在发动机怠速转速正常的条件，一般情况下表示空气流量传感器性能不良，应检测或更换空气流量传感器 ② 节气门控制系统故障 ③ 燃油系统压力过高
进气歧管切换/凸轮轴调整	10000000	无意义
	11000000	未定义
	10100000	未定义
	10010000	未定义
	10001000	未定义
	10000100	未定义
	10000010	1——表示进气歧管切换 0——表示进气歧管未切换
	10000001	1——表示凸轮轴被激活 0——表示凸轮轴未被激活
激活的凸轮轴调整角	-3.0°～+6.0°KW	凸轮轴正时调节处于未激活状态
	16.0°～21.0°KW	凸轮轴正时调节处于激活状态
	6.0°～16.0°KW	① 油压不足 ② 刚度不足 ③ 正时调节器失效

15. 显示组号"95"

显示组号"95"主要是在发动机工作的情况下，故障诊断仪检测发动机转速、发动机负荷、点火提前角和发动机冷却液温度的变化规律，其屏幕显示为：

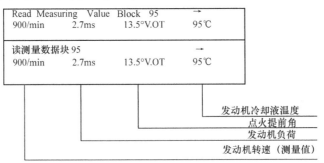

显示组号"95"上各参数的变化规律,见表2-23。

表2-23 显示组号"95"上各参数的变化规律

参　　数	显　示　值	数　值　分　析
发动机转速	0～7500r/min	发动机转速范围
	800r/min±30r/min	怠速正常
	小于770r/min	① 发动机怠速过低,节气门体过脏或卡滞 ② 进气系统积炭过多 ③ 喷油雾化不良等
	大于830r/min	① 怠速控制系统故障 ② 进气系统有泄漏 ③ 发动机负荷增加,如空调打开等
发动机负荷(曲轴每转喷油持续时间)	1.00～2.5ms	怠速时发动机正常喷油时间
	小于1.00ms	① 进气系统漏气 ② 燃油系统压力过低,可能喷油器堵塞。燃油滤清器堵塞,燃油泵供油不足或者燃油压力调节器损坏等
	大于2.50ms	① 发动机负荷太大,在发动机怠速转速正常的条件,一般情况下表示空气流量传感器性能不良,应检测或更换空气流量传感器 ② 节气门控制系统故障 ③ 燃油系统压力过高
点火提前角	12°±4.5°	怠速时点火正时的正常值
	小于7.5°	发动机动力不足
	大于16.5°	发动机容易产生爆燃现象,发动机的温度会升高
发动机冷却液温度	85～105℃	怠速时正常显示值
	小于85℃	① 小于85℃说明发动机没有暖机,应该在发动机暖机后再检测 ② 如果发动机暖机后发动机温度仍然小于85℃,则说明发动机冷却液温度传感器有故障 ③ 发动机冷却液温度传感器与发动机控制单元的线路故障
	大于105℃	① 发动机冷却液温度传感器有故障 ② 发动机散热器散热效果变差 ③ 散热器风扇不工作 ④ 节温器故障 ⑤ 发动机冷却水道堵塞等

五、通用车系发动机控制单元（ECU）数值参数

通用车系中，发动机控制单元（ECU）数值参数主要包括发动机转速、车速、氧传感器的工作状态、λ控制模式、发动机负荷及其他输出指令等参数，各参数的含义及变化范围，见表2-24。

表2-24 通用车系发动机控制单元（ECU）数值参数

参　　数	显示单位	显示数值	解　　析
58X 曲轴传感器	RPM	与发动机转速相同	变化范围为0~9999，显示发动机转速
空调（A/C）因节气门全开关闭	Yes/No	无	Yes表明发动机控制单元（ECU）命令空调压缩机离合器断开，因为节气门位置大于空调压缩机工作的阈值（TP角度大于90%）
不适合的空调A/C压力	Yes/No	无（Yes表示低或高的制冷压力）	Yes表示发动机控制单元（ECU）所监测到的空调制冷压力信号电压对接合压缩机离合器而言太高或太低
空调请求	Yes/No	无（Yes表示空调起动）	空调请求表示由空调系统（HVAC）控制的空调请求输入电路的状态。发动机控制单元（ECU）根据空调（A/C）的请求信号来决定是否请求空调（A/C）压缩机操作
真实的排气再循环（EGR）位置	百分率	0%~100%	真实的排气再循环（EGR）位置以百分制表示排气再循环（EGR）轴的实际位置。0%表示该轴完全转动（EGR阀关闭）
空燃比	比例	(14.2:1)~(14.7:1)	空燃比表示发动机控制模块指令值。在闭环中，正常空燃比应大致在(14.2:1)~(14.7:1)。较低的空燃比表示较浓指令混合气，它可以在动力增强（混合气加浓）或三元催化器（TWC）保护模式时观察到。较高的比值表示较稀的指令混合气，它可以在减速燃油模式时观察到
大气压力BARO	V/kPa	10~105（根据海拔和气压而定）	大气压力（BARO）读数由进气歧管绝对压力（MAP）传感器信号确定，该信号在海拔升高和节气门全开（WOT）状况时被监控。大气压力用于补偿海拔的变化
制动开关	RELEASED（松开）或APPLIED（踩下）	显示RELEASED（松开）或APPLIED（踩下）	该信号被送到发动机控制单元（ECU）反映车辆制动踏板的状况。当制动器开关显示踏板处于APPLIED位置时，ECU将命令液力变矩器离合器分离

(续)

参　　数	显示单位	显示数值	解　　析
凸轮当前信号	YES/NO	YES/NO	该信号表明最后 6 个正确的 3X 凸轮参考脉冲信号是否被 ECU 所接收。NO 表示无凸轮信号，YES 表明凸轮信号有脉动
空调 A/C 起动命令	ON/OFF	ON/OFF	该参数表示空调压缩机离合器脱开电路的发动机控制单元（ECU）指令状态。当显示 ON 时表明空调压缩机离合器被接合
燃油泵起动命令	ON/OFF	ON/OFF	该参数表示燃油泵脱开电路的发动机控制单元（ECU）指令状态。当燃油流动或进气歧管绝对压力高于平均水平以及系统电压低于 10V 时，燃油泵将高速运转
燃油减速模式	激活/不激活	激活/不激活	如果发动机控制单元（ECU）检测到的状态与减速燃油模式中操作相适合，则显示激活；当汽车行驶速度超过 40km/h 而节气门位置突然减小时，发动机控制单元（ECU）将指令减速燃油模式。在减速燃油模式时，发动机控制单元（ECU）将进入开环以及减小喷油器脉冲宽度以便减少燃油传输量
理想的排气再循环位置	百分率	0%～100%	显示发动机控制单元（ECU）指令的排气再循环轴位置。理想的排气再循环位置应与实际的排气再循环位置相近
理想的怠速转速	RPM	ECU 控制的怠速转速（随温度而变化）	该怠速由 ECU 所控制，发动机控制单元（ECU）基于发动机冷却液温度补偿各种发动机负载以便将发动机保持在理想的怠速速度
发动机冷却液温度（ECT）	℃	-40～151℃	发动机冷却液温度（ECT）传感器安装在冷却液流内并将发动机温度信息传送给 ECU。发动机控制单元（ECU）向发动机冷却液温度（ECT）传感器电路提供 5V 电压。该传感器是一个热敏电阻，其内部电阻可随温度变化。当传感器处于冷态时（内部电阻大），发动机控制模块检测到高的电压信号并将其译码为发动机处于冷机。当传感器加热后（内部电阻减小），电压信号降低，发动机控制单元将较低电压解释为发动机已处于热机状态

(续)

参　　数	显示单位	显示数值	解　　析
排气再循环 ERG 关闭阀轴	V	0.0~5.0V	该信号表示发动机控制单元用于确定排气再循环阀是否全关（0%轴位置）的电压值
排气再循环 ERG 工作循环	百分率	0%~100%	显示发动机控制单元向排气再循环阀给出的脉冲宽度调制（PWM）信号。0%表示没有排气再循环流，100%表示最大排气再循环流
排气再循环 ERG 反馈	V	0.0~5.0V	该参数表示排气再循环轴位置传感器信号电压由发动机控制单元（ECU）所监控。低电压表示轴完全伸张（阀门关闭）。接近5V的电压表示轴完全收缩（阀门打开）
排气再循环 ERG 位置错误	百分率	0%~100%	该参数表示理想排气再循环位置和被发动机控制单元监控的实际排气再循环位置之间的差异
排气再循环 ERG 流量测试计数	计数	0~255	该参数表示当前点火循环时所收集的排气再循环流测试样本数。正常操作时，最大允许的样本数为1
发动机负荷	百分率	怠速时：2%~5% 2500r/min 时：7%~10%	该参数显示0%~100%变化。发动机负载是由发动机控制单元（ECU）通过发动机速度和空气流量传感器读数计算的。发动机负载随转速或气流的增加而增加
发动机运转时间	小时分秒	从起动开始计时	该参数表示自发动机起动后所消耗的时间。若发动机熄火，发动机运行时间则会重设定至00：00：00
发动机速度	r/min	0~9999r/min	发动机速度由发动机控制单元（ECU）通过3X参照输入计算而得。它应保持与各种发动机怠速负载下的理想怠速速度相近
蒸发排气（EVAP）炭罐清洗	百分率	0%~100%	该参数表示发动机控制单元向蒸发排放清洗电磁阀发出的脉冲宽度调制负载周期。显示0%表示没有清洗，100%表示完全清洗
低速风扇/高速风扇	ON/OFF	ON/OFF	发动机控制单元对低速和高速风扇实际工况的命令

(续)

参　　数	显示单位	显示数值	解　　析
燃油调节学习	有效/无效	有效/无效	如果条件与使长期（LT）燃油调节校正有效相适合时，燃油调节学习将显示有效。它表示长期燃油调节与短期（ST）燃油调节相对应。如果燃油调节学习显示无效，长期燃油调节将不与短期（ST）燃油调节相对应
发电机指示灯	ON/OFF	ON/OFF	ON 表示系统电压低或发电机出现故障时，发电机指示灯/检测灯的发动机控制单元指令状态
加热氧传感器（HO2S）传感器1	就绪/未就绪	就绪/未就绪	它表示燃油控制废气氧传感器的状态。当发动机控制单元检测至加热氧传感器波动电压足以使闭路操作时，扫描工具则指示废气氧传感器已经就绪。除非废气氧传感器热起来，否则不会出现该情况
加热氧传感器（HO2S）传感器1	mV	0~1000，经常变化	该参数表示燃油控制废气氧传感器输出电压。在闭路工作时应在10（稀废气）~1000mV（浓废气）间稳定波动
怠速空气控制（IAC）位置	计数	0~255	显示计数中怠速空气控制（IAC）轴的指令位置。计数大表示指令通过怠速空气通道的空气量增加。怠速空气控制位置应能非常快速地随发动机负载改变以保持理想的怠速转速
进气温度 IAT	℃	-40~151℃（随环境空气温度而变化）	发动机控制单元将进气温度（IAT）传感器的电阻转变为温度，发动机控制单元通过进气温度传感器并根据进气密度调整燃油供给和点火正时
点火模式	点火控制/旁路	显示旁路（BYPASS）或点火控制（IC）	当显示旁路时，点火装置控制模块控制点火提前角位于上止点中（BTDC）（旁路模式）之前固定的10°。点火装置控制模块根据 ECU 传送到该模块上的旁路电路中的电压值检测工作状态是否正确。如果发动机控制单元没有向旁路电路提供5V电压，或是点火装置控制模块没有通上电压，那么模块将控制点火正时。显示 IC（点火装置控制器）则表示发动机控制 DA 单元已接到点火模块的信号，说明 ECU 正在控制点火提前角（IC 模式）。点火装置控制模块根据 ECU 传送到该模块上的旁路电路中的电压值检测工作状态是否正确。当条件

(续)

参　　数	显示单位	显示数值	解　　析
点火模式	点火控制/旁路	显示旁路（BYPASS）或点火控制（IC）	符合点火正时发动机控制单元控制（IC模式）时，发动机控制单元向点火装置控制模块旁路电路提供5V的电压。如果发动机控制单元没有向旁路电路提供5V电压，或是点火装置控制模块没有通上电压，那么模块将控制点火正时（旁路模式）
点火脉冲宽度	ms	0~1000ms（随发动机负荷而变化）	该参数表示在发动机每个循环中，发动机控制单元指令每个喷油器接通的次数。喷油器脉宽越大，喷入的燃油越多。喷油器脉冲宽度（IPW）应随发动机负载增加而增加
爆燃延迟	(°)（度）	0°~25.5°	该参数表示发动机控制单元为响应爆燃传感器（KS）信号从IC点火提前移去的火花数量。当牵引力控制启用时，来自电子制动器和牵引力控制模块（EBTCM）的牵引力控制系统理想转矩信号可能导致爆燃延（Knock Retard），将显示一个大于0°的数值
长期燃油调节	百分率	-23%~+16%	长期（LT）燃油调节来源于短期（ST）燃油调节值并表示燃油传输的长期校正。0%的值表示燃油传输无须补偿即可保持发动机控制单元指令的空/燃比。远低于0%的负值表示燃油系统过浓以及燃油传输减小（喷油器脉冲宽度减小）。远大于0%的正值表示燃油系统过稀以及发动机控制单元通过增加燃油进行补偿（喷油器脉冲宽度增加）。因为长期燃油调节趋于遵循短期燃油调节，由于急速时炭罐清洗而引起的负数范围内的值应认为是正常的。发动机控制单元最大控制长期燃油调节认可范围在-23%~+16%。处于或接近最大认可值的燃油调节值表示过浓或过稀的系统
控制状态	开环或闭环	开环（OPEN）或闭环（CLOSED）	闭环说明ECU根据氧传感器电压控制燃油喷射。在开环状态，ECU不考虑氧传感器的电压而根据TP传感器、ECT传感器和MAF传感器信息加以控制

(续)

参　　数	显示单位	显示数值	解　　析
机油过低警告灯	ON/OFF	ON/OFF	根据发动机机油液面开关输给ECU的信号显示过低的机油液面状态
进气歧管绝对压力MAP	kPa/V	10～105kPa/0.00～4.97V（随发动机负荷和压力表压力变化）	进气歧管绝对压力（MAP）传感器从发动机负载、排气再循环流和速度变化中测量到进气歧管压力的变化。当进气歧管压力增加时，进气真空度的降低导致歧管绝对压力传感器电压和千帕读数升高。进气歧管绝对压力传感器信号用于监控EGR气流测试时进气歧管压力的变化，更新大气压力（BARO）读数和作为诸多诊断中一个有效因素
故障指示灯（MIL）	ON/OFF	ON/OFF	该参数表示指示故障指示灯（MIL）的发动机控制模块指令状态
永久性	Pass/Fail	Pass（通过）或Fail（失败）	该参数表示发动机控制单元随机存取存储器的状态
动力增强	启用（ACTIVE）或未启用（INACTIV）	启用（ACTIVE）或未启用（INACTIV）	显示启用表示发动机控制单元已检测到适合于动力增强操作模式的条件。当检测到节气门位置及负载增加较大时，发动机控制模块指令动力增强模式。在动力增强时，发动机控制模块通过进入开环和增加喷油器脉冲宽度以便增加燃油传输量，以防止在加速过程中可能产生的降速
短期燃油调节	百分率	−10%～10%	短期燃油调节表示通过发动机控制单元对燃油传输的短期校正，使得燃油控制氧传感器长时间维持在450mV极限上下。如果氧传感器电压经常低于450mV，则表示较稀的混合气，短期燃油将增加到大于0%的正数范围，发动机控制单元将增加燃油；如果氧传感器电压主要保持在极限之上，短期燃油调节将减小到低于0%的负数范围，而发动机控制单元将降低燃油传输以补偿所显示的混合气过浓的现象。在诸如过长的怠速时间和过高的环境温度条件下，炭罐清洗可能会引起正常操作时短期燃油调节出现负读数。发动机控制单元最大的燃油调节认可范围在−11%～+20%，处于或接近最大认可值的燃油调节值表示过浓或过稀的系统

（续）

参　数	显示单位	显示数值	解　析
点火	（°）（度）	-64°~64°	显示由发动机控制单元在IC电路上给出的点火正时。负值表示上止点之前（BTDC）或点火提前的角度；正值表示上止点后（ATDC）或点火延迟的角度。因为在旁路模式操作时点火装置控制模块（ICM）将点火提前角设置在固定的上止点之前10°，当发动机控制单元指令IC模式时，显示的点火提前角反映实际的点火正时
起动发动机冷却液温度（ECT）	℃	根据起动时的发动机冷却温度	该参数表示指示汽车起动时的发动机冷却液温度（ECT）。通过用加热氧传感器诊断来确定上次起动是否为冷起动
起动进气温度（IAT）	℃	根据起动时的进气温度	该参数表示车辆起动时的进气温度。通过加热氧传感器诊断来确定上次起动是否为冷起动
总缺火当前计数	计数	0~99	缺火当前计数值表示每个气缸内作为缺火所检测到的次数。它以200个曲轴转数为一循环周期
节气门位置（TP）开度	百分率	0%~100%	节气门位置开度由发动机控制单元通过节气门位置传感器电压计算得到。节气门位置开度在怠速时显示0%以及在节气门全开WOT时显示100%
节气门（TP）传感器	V	0.5~5.00	该参数电压由动力节气门位置信号电路上的系统控制单元监控
三元催化器（TWC）保护	激活/不激活	激活/不激活	该参数反映三元催化器是否处于正常工作状态

第三章 底盘电控系统数据流与波形的分析及故障诊断

第一节 自动变速器数据流与波形

一、自动变速器数据流与波形分析

1. 自动变速器档位开关

自动变速器档位开关数据为开关信号,它会根据变速杆的位置变化反映出档位开关位置。

(1) 诊断仪分析

1) 将点火开关转至 ON 位置,但不要起动发动机。
2) 使用诊断仪,在"变速器"的"数据监控"模式中选择"ECM 输入信号"。
3) 读取变速杆换到位置"P、N、R、D、2 和 1"时的开关位置数据,见表 3-1。如果发现数据与显示值不同,则说明自动变速器档位开关或线束存在故障。

表 3-1 自动变速器档位开关数据

名称	状态	显示值
P、N 位	当将变速杆置于"N"或"P"位置时	ON
	当变速杆置于其他位置时	OFF
R 位	当将变速杆置于"R"位置时	ON
	当变速杆置于其他位置时	OFF
D 位	当将变速杆置于"D"位置时	ON
	当变速杆置于其他位置时	OFF
2 位	当将变速杆置于"2"位置时	ON
	当变速杆置于其他位置时	OFF
1 位	当将变速杆置于"1"位置时	ON
	当变速杆置于其他位置时	OFF

(2) 万用表测量分析

1) 以上海通用别克轿车为例,首先断开自动变速器档位开关(图 3-1)。
2) 如图 3-2 所示,根据自动变速器档位开关极性和指示器电路表检测每个档位是否连通。如果在检测过程中显示不正确的档位,则更换自动变速器档位开关。

2. 自动变速器油温传感器

自动变速器油温(TFT)传感器位于变速器内,用于感知自动变速器油温。在极冷和极热的变速器油温下,变速器控制单元根据此信号控制管路压力、换档和变矩器锁止离合器。

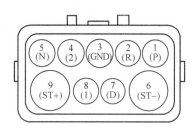

图 3-1 断开自动变速器档位开关

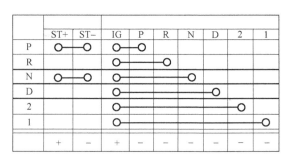

图 3-2 自动变速器档位开关极性和指示器电路表

一般变速器油温高于150℃时变矩器立即进入锁止工况,30s后如果变速器油温仍不下降,变矩器解除锁止工况,变速器退出超速档。自动变速器油温传感器自身或线束短路,数据流会显示变速器油温高于150℃,所以自动变速器油温传感器自身或线束短路后,变矩器不进入锁止工况,变速器没有超速档,汽车无法高速行驶。

(1) 诊断仪分析

1) 起动发动机。

2) 使用诊断仪,在"变速器"的"数据监控"模式中选择"ECM 输入信号"。

3) 读出"自动变速器油温传感器"的值,见表3-2。

表3-2 自动变速器油温传感器数据

名 称	状 态	显示值(近似值)
自动变速器油温传感器	当自动变速器油温为20℃时	1.5V
	当自动变速器油温为80℃时	0.5V

(2) 万用表测量分析 以上海通用别克轿车为例,首先拆下自动变速器油温(TFT)传感器,然后在10℃和110℃温度条件下,测量自动变速器油温传感器连接器端子1和6(1,2)之间的电阻,如图3-3所示。如果10℃条件下的电阻测量值不在5.8~7.09kΩ,则更换自动变速器油温传感器;如果110℃条件下的电阻测量值不在0.23~0.263kΩ,则更换自动变速器油温传感器。

3. 车速传感器

车速传感器检测驻车爪锁止齿轮的转速,并发出脉冲信号,此脉冲信号传至TCM控制单元来转换成车速。

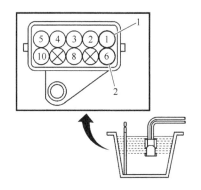

图 3-3 自动变速器油温传感器示意图

(1) 诊断仪分析

1) 起动发动机。

2) 使用诊断仪,在"变速器"的"数据监控"模式中选择"ECM 输入信号"。

3) 在行驶过程中读取"车速传感器"的值。根据行驶速度检查数值的变化情况,一般在行驶过程中大致与车速表显示值相符,否则说明车速传感器存在故障。

(2) 万用表测量分析

1) 以上海通用别克轿车为例,拆下车速传感器插接器,将12V电源和电压表连接至端子，如图 3-4 所示。注意：不要弄错电压的极性。

2）旋转齿轮，然后观察万用表读数，它应当每个脉冲（1）的电压值将在接近 0～12V 的范围内变动，每转一圈（2）将有 4 个脉冲，如图 3-5 所示。如果检查结果有问题，则应更换车速传感器。

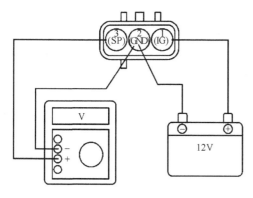

图 3-4 车速传感器插接器

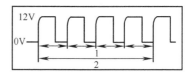

图 3-5 车速传感器脉冲变化

4. 发动机转速传感器

发动机速度信号从 ECM 控制单元发送送至 TCM 控制单元，发动机速度传感器的单位为 r/min。

（1）诊断仪分析

1）起动发动机。

2）使用诊断仪，在"变速器"的"数据监控"模式中选择"ECM 输入信号"。

3）读出"发动机速度"的值，改变节气门位置，检测发动机速度变化。测得的发动机转速应与发动机转速表显示值相符，否则说明发动机转速传感器存在故障。

（2）万用表测量分析

1）以上海通用别克轿车为例，测量发动机转速传感器端子间的电阻，如图 3-6 所示。

2）如图 3-7 所示，如果在 20℃ 温度条件下测量传感器电阻，它的电阻值应在最小电阻和最大电阻曲线之间。如果电阻测量值不在最小电阻和最大电阻曲线之间，则应更换发动机转速传感器。

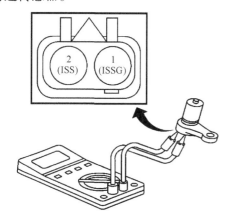

图 3-6 测量发动机转速传感器端子间的电阻

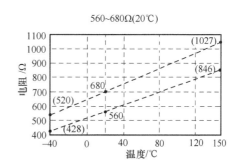

图 3-7 发动机转速传感器最小电阻和最大电阻曲线

5. 液力变矩器离合器电磁阀

锁止离合器的接合和分离是由发动机控制单元（PCM）通过锁止离合器（TCC）电磁阀来控制的。发动机控制单元根据节气门位置传感器、车速传感器、涡轮轴传感器、档位、换档时刻和制动开关等信号进行分析，给 TCC 电磁阀提供占空比信号，改变了 TCC 电磁阀的开度，从而控制离合器的动作。

对于 TCC 电磁阀的工作情况，发动机控制单元是通过发动机的转速和涡轮轴（输入轴）的转速差来监测的。当锁止离合器不工作时，发动机转速应大于涡轮轴转速 200~300r/min；在锁止离合器接合过程中，两者的转速差应逐渐减小；当锁止离合器完全接合后，两者的转速差应该基本为零。因此，可以通过观察发动机转速和涡轮转速（输入轴转速）的差值，来判断离合器工作的状态和好坏程度。在判断一些锁止离合器不能接合或不能分离的故障时，也可接上变速器检测仪（一种可以人为控制电磁阀工作的检测工具），断开电控单元对变速器的控制，人为控制离合器电磁阀的工作，从而判断是控制部分的故障，还是执行部分的故障。如果人为控制离合器电磁阀的工作故障仍存在，说明电控部分没有任何情况。如果故障出在电控部分上，应该先检查影响了 TCC 电磁阀工作的各传感器提供的信号是否正常，再检查发动机控制单元（PCM）是否能按各传感器信号正确工作，最后检查导线的连接是否良好。

（1）数据分析

1）起动发动机。

2）使用诊断仪，选择"变速器"的"数据监控"模式。

3）行驶时读取"TCC 电磁阀工作"的显示值 根据行驶速度检查数值的变化情况，见表 3-3。

表 3-3 TCC 电磁阀数据

项　目	状　态	显示值（近似值）
TCC 电磁阀工作	锁止 OFF←→锁止 ON	4%←→94%

（2）波形分析 使用示波器读取 TCC 电磁阀的信号波形变化，如图 3-8 所示。如果 TCC 电磁阀线圈短路，会使很大的电流通过电路，将会造成波形幅值超出最大的允许范围，此时说明 TCC 电磁阀故障。

6. 管路压力电磁阀

（1）数据分析

1）将点火开关转至 ON 位置，但不要起动发动机。

2）使用诊断仪，选择"变速器"的"数据监控"模式。

3）车辆行驶过程中读取"管路压力"的值。根据行驶速度检查数值的变化情况，见表 3-4。

表 3-4 管路压力电磁阀数据

项　目	状　态	显示值（近似值）
管路压力	节气门开度小（管路压力低）←→节气门开度大（管路压力高）	4%←→94%

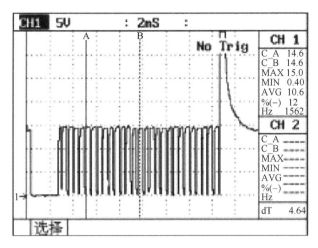

图 3-8　TCC 电磁阀的信号波形

4）此外，也可通过万用表测量管路压力电磁阀的电阻进行分析。以上海通用别克轿车为例，测量管路压力电磁阀端子间的电阻，如图 3-9 所示。在 20℃ 温度条件下，管路压力电磁阀电阻值应在最小电阻和最大电阻曲线之间，如图 3-10 所示；如果管路压力电磁阀电阻值不在最小电阻和最大电阻曲线之间，则说明管路压力电磁阀故障，则更换管路压力电磁阀。

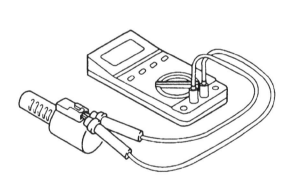

图 3-9　测量管路压力电磁阀端子间的电阻

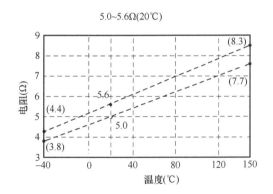

图 3-10　管路压力电磁阀电阻值最小电阻和最大电阻曲线

（2）波形分析　使用示波器读取管路压力电磁阀的信号波形变化，如图 3-11 所示。如果管路压力电磁阀线圈短路，会使很大的电流通过电路，将会造成波形幅值超出最大的允许范围，此时说明管路压力电磁阀故障。

7. 换档电磁阀 A

1）起动发动机。

2）使用诊断仪，选择"变速器"的"数据监控"模式中的"主信号"。

3）在行驶中读取"换档电磁阀 A"的数据，见表 3-5。如果与规定值不符合，则更换换档电磁阀 A。

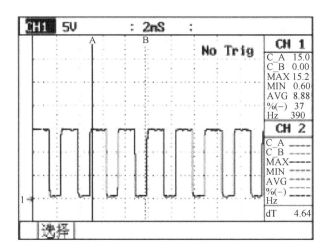

图 3-11 管路压力电磁阀信号波形

表 3-5 换档电磁阀 A 数据

项 目	状 态	显 示 值
换档电磁阀 A	当换档电磁阀 A 工作时（当以"D1"或"D4"档行驶时）	ON
	当换档电磁阀 A 没有工作时（当以"D2"或"D3"档行驶时）	OFF

8. 换档电磁阀 B

1）起动发动机。

2）使用诊断仪，选择"变速器"的"数据监控"模式中的"主信号"。

3）在行驶中读取"换档电磁阀 B"的数据，见表 3-6。如果与规定值不符合，则更换换档电磁阀 B。

表 3-6 换档电磁阀 B 数据

项 目	状 态	显 示 值
换档电磁阀 B	当换档电磁阀 B 工作时（当以"D1"或"D2"档行驶时）	ON
	当换档电磁阀 B 没有工作时（当以"D3"或"D4"档行驶时）	OFF

9. 加速踏板位置（APP）传感器

1）将点火开关转至 ON 位置，但不要起动发动机。

2）使用诊断仪，选择"变速器"的"数据监控"模式中的"主信号"。

3）读出节气门位置的数据，见表 3-7。如果与规定值不符合，则更换加速踏板位置（APP）传感器或排除其他故障。

表 3-7 节气门位置数据

项 目	状 态	显 示 值
节气门位置	释放加速踏板	0.0
	完全踩下加速踏板	8.0

10. 超速档控制电磁阀

1）起动发动机。

2）使用诊断仪,在"变速器"的"数据监控"模式中选择"主信号"。

3）在行驶中读取"超速档控制电磁阀"的显示值,见表3-8。如果与规定值不符合,则更换超速档控制电磁阀或排除其他故障。

表3-8 超速档控制电磁阀数据

项　目	状　态	显示值
超速档控制电磁阀	当超速档控制电磁阀工作时（当超速档离合器分离时）	ON
	当超速档控制电磁阀不工作时（当超速档离合器接合时）	OFF

11. 涡轮转速传感器

涡轮转速传感器（动力传动系转速传感器）检测前进档离合器鼓转速,它位于自动变速器的输入侧。自动变速器转速传感器位于自动变速器的输出侧。通过使用这两个传感器,就可以准确检测变速器的输入和输出转速,得到最佳的换档时机,从而改善换档质量。

（1）数据分析

1）起动发动机。

2）使用诊断仪,在"变速器"的"数据监控"模式中选择"ECM输入信号"。

3）车辆行驶过程中读取"涡轮转速"的值,见表3-9。如果与规定值不符合,则更换涡轮转速传感器或排除其他故障。

表3-9 涡轮转速传感器数据

项　目	状　态	显示值
涡轮转速传感器	行驶过程中（锁止ON）	大致与发动机转速相符

（2）波形分析　使用示波器读取涡轮转速传感器的信号波形,它会随着转速的增加,波形的密度将会更加密,如图3-12所示。如果与规定不符合,说明涡轮转速传感器存在故障。

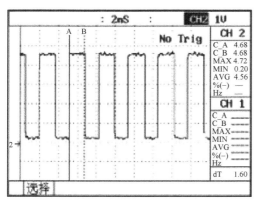
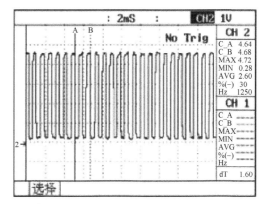

a) 低速信号波形　　　　b) 高速信号波形

图3-12 涡轮转速传感器的信号波形

二、自动变速器数据流与波形诊断思路

自动变速器数据流与波形诊断思路如图 3-13 所示。

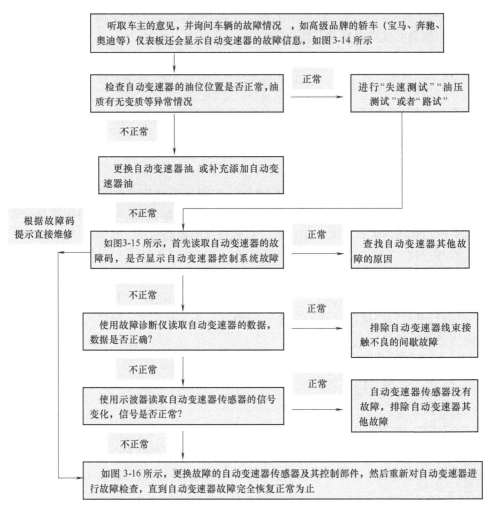

图 3-13　自动变速器数据流与波形诊断思路

图 3-14　奥迪车型上显示的自动变速器故障信息

图 3-15　读取自动变速器的故障码

图 3-16 更换故障的自动变速器传感器及其控制部件

三、自动变速器控制单元数值参数

1. 大众自动变速器控制单元数值参数

以大众车系 01V 自动变速器数据流为例,在进入所测系统后(若准备测试自动变速器系统,应选择地址代码 02),选择 08 功能,即读取控制单元的运行数据参数(以数据组形式显示),再根据需要选择不同的数据组。各显示组显示内容见表 3-10。

表 3-10 显示组显示的内容

显示组号	屏幕显示	显示区	参数含义	示 例
01	测量数据块读值 1→ 1 2 3 4	1	变速杆位置	P R N D 3 2 1
		2	节气门电位计电压	0.8V
		3	加速踏板位置值	0%
		4	开关状态	00000111
02	测量数据块读值 2→ 1 2 3 4	1	电磁阀 6-N93—实际电流	0.983A
		2	电磁阀 6-N93—规定电流	0.985A
		3	蓄电池电压	12.92V
		4	车速传感器 G68 电压	2.50V
03	测量数据块读值 3→ 1 2 3 4	1	车速	0km/h
		2	发动机转速	900r/min
		3	换入的档位	0
		4	加速踏板位置值	0%
04	测量数据块读值 4→ 1 2 3 4	1	换档电磁阀	100000
		2	换入的档位	0
		3	变速杆位置	P R N D 3 2 1
		4	车速	0km/h
05	测量数据块读值 5→ 1 2 3 4	1	变速器油(ATF)温度	45℃
		2	换档输出	0011011
		3	待换入的档位	0
		4	发动机转速	900r/min

(续)

显示组号	屏幕显示	显示区	参数含义	示 例
07	测量数据块读值7→ 1 2 3 4	1	换入的档位	1H
		2	锁止离合器打滑	200r/min
		3	发动机转速	900r/min
		4	加速踏板位置值	0%

（1）显示组"01" 显示组01主要是利用故障诊断仪分析变速杆位置、节气门电位计电压、加速踏板位置值和开关状态的变化规律，其屏幕显示为：

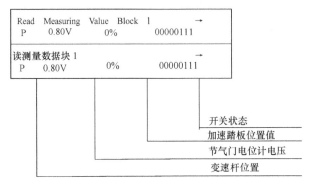

显示组号"01"上各参数的变化规律，见表3-11。

表3-11 显示组号"01"上各参数的变化规律

参 数	检查条件	显示值	数 值 分 析
变速杆位置	变速杆位置	P	P	如果显示异常，则应检查档位开关F125
		R	R	
		N	N	
		D	D	
		3	3	
		2	2	
		1	1	
节气门电位计电压	急速时最小值	0.156V	① 加速时，从急速到节气门全开，电压值应平滑升高 ② 检查发动机控制系统 ③ 检查节气门电位计G69 ④ 调整或更换节气门电位计 ⑤ 进行系统基本设定
	急速时最大值	0.80V	
	节气门全开时最小值	3.50V	
	节气门全开时最大值	4.680V	
加速踏板位置值	急速时	0%～1%	加速时，从急速到节气门全开，百分比值应连续升高，否则应进行系统基本设定
	节气门全开	99%～100%	
开关状态	制动开关F（第1位数字）	踩下制动踏板	1	如果显示异常，则应检查制动开关F及其电路
		未踩下制动踏板	0	

(续)

参 数		检查条件	显示值	数值分析
开关状态	驱动和滑动调节（第2位数字）	低速档		无须考虑
	（第3位数字）与变速器无关	—		—
	强制降档开关（第4位数字）	工作时	1	如果显示异常，则应检查强制降档开关
		未工作时	0	
	档位开关F125（第5~8位数字）	在RND32时	1	如果显示异常，则应检查档位开关F125
		在P或1时	0	
		在PR21时	1	
		在ND3时	0	
		在PRND时	1	
		在321时	0	
		在PRN时	1	
		在D321时	0	

（2）显示组"02" 显示组02主要是利用故障诊断仪分析电磁阀6-N93——实际电流、电磁阀6-N93——规定电流、蓄电池电压和车速传感器G68电压的变化规律，其屏幕显示为：

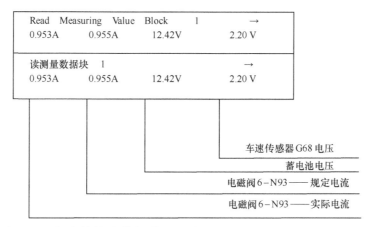

显示组号"02"上各参数的变化规律，见表3-12。

表3-12 显示组号"02"上各参数的变化规律

参 数	检查条件	显示值	数值分析
电磁阀6-N93 实际电流	节气门全开时	0.0A	如果显示异常，则应检查电磁阀6-N93
	怠速时最大值（车静止时）	1.1A	
电磁阀6-N93 规定电流	节气门全开时	0.0A	
	怠速时最大值（车静止时）	1.1A	

（续）

参　　数	检查条件	显　示　值	数　值　分　析
蓄电池电压	最小值	10.8V	如果显示异常，则应进行以下检查： ① 检查蓄电池电压，必要时更换蓄电池 ② 检查至变速器控制单元 J217 的电压 ③ 更换变速器控制单元 J217 ④ 进行系统基本设定
蓄电池电压	最大值	16.0V	
车速传感器 G68 电压	最小值	2.20V	如果显示异常，则应检查车速传感器 G68
车速传感器 G68 电压	最大值	2.52V	

（3）显示组"03" 显示组03主要是利用故障诊断仪分析车速、发动机转速、换入的档位和加速踏板位置值的变化规律，其屏幕显示为：

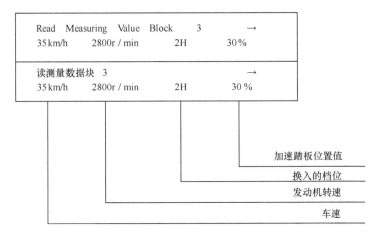

显示组号"03"上各参数的变化规律，见表3-13。

表3-13　显示组号"03"上各参数的变化规律

参　　数	检查条件		显　示　值	数　值　分　析
车速	行驶中		当时车速	车速表读值应与诊断仪显示值相近，否则应检查车速传感器及其电路
发动机转速	发动机运转		当时发动机转速	如果显示异常，则必要时检修发动机
换入的档位	行驶中	空档	0	如果显示异常，则应检查换档电磁阀
换入的档位	行驶中	倒档	R	
换入的档位	行驶中	1 档液压	1	
换入的档位	行驶中	2 档液压	2H	
换入的档位	行驶中	2 档机械	2M	
换入的档位	行驶中	3 档液压	3H	
换入的档位	行驶中	3 档机械	3M	
换入的档位	行驶中	4 档液压	4H	
换入的档位	行驶中	4 档机械	4M	

(续)

参　　数	检查条件		显　示　值	数　值　分　析
加速踏板位置值	行驶中	怠速时	0%～1%	加速时，从怠速到节气门全开，百分比值应连续升高，否则应进行系统基本设定
		节气门全开	99%～100%	

（4）显示组"04"　显示组04主要是利用故障诊断仪分析车速、发动机转速、换入的档位和加速踏板位置值的变化规律，其屏幕显示为：

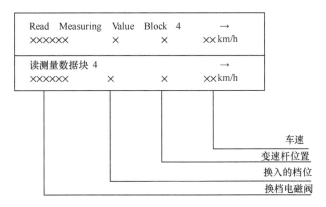

显示组号"04"上各参数的变化规律，见表3-14。

表3-14　显示组号"04"上各参数的变化规律

参　　数	检查条件		显　示　值	数　值　分　析
换档电磁阀 N88-第1位 N89-第2位 N90-第3位 N91-第4位 N92-第5位 N94-第6位		P	101000	如果显示异常，则应检查不同行驶工况下各电磁阀的工作状态，或者根据故障症状与显示数据分析确定故障原因
		R	001000	
		N	101000	
	D	1H（1M）	001000	
		2H（2M）	011000	
		3H（3M）	000001	
		4H（4M）	110001	
	3	1H（1M）	001000	
		2H（2M）	011000	
		3H（3M）	000001	
	2	1H（1M）	001000	
		2H（2M）	011000	
	1	1H（1M）	001000	
换入的档位	在行驶中	空档	0	如果显示异常，则应检查电磁阀
		R档	R	
		1液压	1	
		2液压	2H	
		2机械	2M	
		3液压	3H	

(续)

参　　数	检查条件		显示值	数值分析
换入的档位	在行驶中	3 机械	3M	如果显示异常,则应检查电磁阀
		4 液压	4H	
		4 机械	4M	
变速杆位置	在行驶中	P	P	如果显示异常,则应检查档位开关 F125
		R	R	
		N	N	
		D	D	
		3	3	
		2	2	
		1	1	
车速	行驶中		××km/h	显示值与车速表不应相差过大,否则应检修车速传感器及其电路

（5）显示组"05" 显示组 05 主要是利用故障诊断仪分析变速器油（ATF）温度、换档输出、换入的档位和发动机转速值的变化规律,其屏幕显示为:

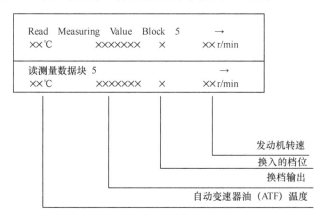

显示组号"05"上各参数的变化规律,见表 3-15。

表 3-15 显示组号"05"上各参数的变化规律

参　　数	检查条件		显示值	数值分析
变速器油（ATF）温度 (自动变速器油温在 35～ 45℃时检查油面高度)	车辆静止,发动机运转		××℃	如果显示异常,则应检查变速器油温传感器
换档输出	第 1 位	汽车行驶中点火正时控制	接通	1	如果显示异常,则应进行以下检查: ① 检查火正正时控制电路 ② 更换发动机控制单元 ③ 更换变速器控制单元 J217 ④ 进行系统基本设定
			关闭	0	
	第 2 位		接通	1	
			关闭	0	

(续)

参 数		检 查 条 件		显 示 值	数 值 分 析
换档输出	第3位	变速杆锁止电磁阀 N110	接通	1	如果显示异常,则应检查变速杆锁止电磁阀 N110 或其控制电路
			关闭	0	
	第4位		接通	1	
			关闭	0	
	第5位	速度调节装置	接通	1	如果显示异常,则应检查速度调节装置及其控制电路
			关闭	0	
	第6位	空调	接通	1	如果显示异常,则应检查空调电路及空调开关
			关闭	0	
	第7位	P/N 信号,变速杆位于	PN	1	如果显示异常,则应检查档位开关 F125
			123D	0	
换入的档位		在行驶中	空档	0	① 如果显示异常,则应检查电磁阀 ② 若不能换档,可能离合器或制动器损坏 ③ 更换变速器控制单元 J217
			R 档	R	
			1 液压	1	
			2 液压	2H	
			2 机械	2M	
			3 液压	3H	
			3 机械	3M	
			4 液压	4H	
			4 机械	4M	
发动机转速		发动机运转	当时发动机转速		如果显示异常,则必要时检修发动机

(6)显示组"07" 显示组 07 主要是利用故障诊断仪分析换入的档位、锁止离合器打滑、发动机转速和加速踏板位置值的变化规律,其屏幕显示为:

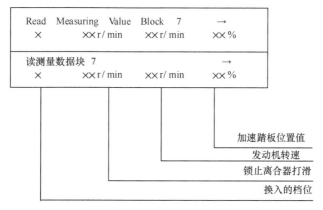

显示组号"07"上各参数的变化规律,见表 3-16。

表3-16　显示组号"07"上各参数的变化规律

参　　数	检查条件	显　示　值		数值分析
换入的档位	在行驶中	空档	0	① 如果显示异常，则应检查电磁阀 ② 若不能换档，可能离合器或制动器损坏 ③ 更换变速器控制单元J217
		R档	R	
		1 液压	1	
		2 液压	2H	
		2 机械	2M	
		3 液压	3H	
		3 机械	3M	
		4 液压	4H	
		4 机械	4M	
锁止离合器打滑（变矩器离合器滑移率电磁阀4-N91-动作）	汽车行驶	液压档位	0~制动转速	① 如果显示异常，则应检查电磁阀4-N91 及其电路 ② 检查变速器 ③ 更换变矩器
	变矩器锁止离合器锁止	在机械档位，发动机转速在2000~3000r/min	0~130r/min	
发动机转速	发动机运转	当时发动机转速		如果显示异常，则必要时检修发动机
加速踏板位置值	行驶中	急速时	0%~1%	加速时，从急速到节气门全开，百分比值应连续升高，否则应进行系统基本设定
		节气门全开	99%~100%	

2. 丰田自动变速器控制单元数值参数

丰田自动变速器可利用故障诊断仪在不拆卸任何零件的情况下，读取开关、传感器、执行器和其他项目的数值参数，然后对自动变速器的工作状态进行分析。丰田自动变速器控制单元数值参数见表3-17。

表3-17　丰田自动变速器控制单元数值参数

参　　数	解　析	显示标准值
Stop Light Switch（制动灯开关）	制动灯开关状态/ON 或 OFF	踩下制动踏板：ON
		松开制动踏板：OFF
Neutral Prosition SW Signal（空档位置SW信号）	PNP 开关状态/ON 或 OFF	变速杆位置为 P 和 N：ON
		变速杆位置为 P 和 N 除外：OFF
Shift SW Status（P Range）（P 位域换档SW状态）	PNP 开关状态/ON 或 OFF	变速杆位置为 P：ON
		变速杆位置 P 除外：OFF
Shift SW Status（N Range）（N 位域换档SW状态）	PNP 开关状态/ON 或 OFF	变速杆位置为 N：ON
		变速杆位置为 N 除外：OFF
Shift SW Status（R Range）（R 位域换档SW状态）	PNP 开关状态/ON 或 OFF	变速杆位置为 R：ON
		变速杆位置 R 除外：OFF
Shift SW Status（D Range）（D 位域换档SW状态）	PNP 开关状态/ON 或 OFF	变速杆位置为 D 和 S：ON
		变速杆位置 D 和 S 除外：OFF

(续)

参　　数	解　　析	显示标准值
Sports Mode Selection SW（运动模式选择SW）	运动模式选择开关状态/ON或OFF	变速杆位置为S、"＋"和"－"：ON
		变速杆位置S、"＋"和"－"除外：OFF
Sport Shift Up SW（运动档换高速档SW）	运动档换高速档SW状态/ON或OFF	连续按压"＋"（换高速档）：ON
		松开"＋"（换高速档）：OFF
Sport Shift Down SW（运动档换低速档SW）	运动档换低速档SW状态/ON或OFF	持续按下"－"（换低速档）：ON
		松开"－"（换低速档）：OFF
Shift Status（换档状态）	换档位置/1档、2档、3档、4档或5档（O/D）	变速杆位置为D：1档、2档、3档、4档或5档
		变速杆位置为S：1档、2档、3档、4档或5档
Lock Up Solenoid Status（锁止电磁线圈状态）	锁止电磁线圈状态/ON或OFF	锁止：ON
		锁止除外：OFF
SLT Solenoid Status（SLT电磁线圈状态）	SLT换档电磁线圈状态/ON或OFF	踩下加速踏板：OFF
		松开加速踏板：ON
A/T Oil Temperature 1（A/T油温1）	ATF温度传感器值/最小：－40℃ 最大：215℃	失速测试后大约为80℃
		在冷却后等于周围温度
SPD（NC）	中间轴齿轮转速/显示：50r/min	当变速杆处于D位时为3档（发动机暖机后）
		中间轴转速（NC）与发动机转速接近
SPD（NT）	输入涡轮转速/显示：50r/min	锁止ON（在发动机暖机后）：输入涡轮转速（NT）等于发动机速度
		锁止OFF（在N位怠速）输入涡轮转速（NT）接近发动机速度

3. 丰田自动变速器控制系统主动测试

利用故障诊断仪的主动测试，可以在不拆卸任何零件的情况下运行继电器、真空开关阀（VSV）、执行器和其他项目。打开故障诊断仪，然后选择项目"Enter（进入）/Power train（传动系）/ECT/Active Test（主动测试）"，最后根据故障诊断仪上的说明进行主动测试即可（表3-18）。

表3-18　丰田自动变速器控制系统主动测试

参　　数	解　　析	控制范围
Control the Shift Position（控制档位）	［测试详情］ 亲自操作换档电磁阀并且设定每个档位 ［车辆状态］ ① IDL：ON ② 低于50km/h（31mile/h） ［其他］ ① 按下"→"按钮：换高速档 ② 按下"←"按钮：换低速档	1档/2档/3档/4档/5档（可检查换档电磁阀的运行状态）

（续）

参　　数	解　　析	控 制 范 围
Activate the Lock Up(激活锁止)	［测试详情］ 控制 DSL 换档电磁线圈，将自动变速器设定在锁止状态 ［车辆状态］ 车速：60km/h 或更高	ON/OFF（可检查 DSL 工作状态）
Activate the Solenoid（SL1） （激活 SL1 电磁线圈）	［测试详情］ 操作换档电磁线圈 SL1 ［车辆状态］ ① 车辆停止运行 ② 变速杆在 P 或 N 位	ON/OFF
Activate the Solenoid（SL2） （激活 SL2 电磁线圈）	［测试详情］ 操作换档电磁线圈 SL2 ［车辆状态］ ① 车辆停止运行 ② 变速杆在 P 或 N 位	ON/OFF
Activate the Solenoid（SL3） （激活 SL3 电磁线圈）	［测试详情］ 操作换档电磁线圈 SL3 ［车辆状态］ ① 车辆停止运行 ② 变速杆在 P 或 N 位	ON/OFF
Activate the Solenoid（S4） （激活 S4 电磁线圈）	［测试详情］ 操作换档电磁线圈 S4 ［车辆状态］ ① 车辆停止运行 ② 变速杆在 P 或 N 位	ON/OFF
Activate the Solenoid（SR） （激活 SR 电磁线圈）	［测试详情］ 操作换档电磁线圈 SR ［车辆状态］ ① 车辆停止运行 ② 变速杆在 P 或 N 位	ON/OFF
Activate the Solenoid（DSL） （激活 DSL 电磁线圈）	［测试详情］ 操作换档电磁线圈 DSL ［车辆状态］ ① 车辆停止运行 ② 变速杆在 P 或 N 位	ON/OFF

(续)

参　　数	解　　析	控制范围
Activate the Solenoid（SLT） （激活 SLT 电磁线圈）	［测试详情］ 操作 SLT 换档电磁线圈。提升管路压力 ［车辆状态］ ① 车辆停止运行 ② IDL：ON 建议：OFF——管路压力上升。当"激活电磁线圈（SLT）"的主动测试执行时，ECM 命令 SLT 电磁线圈关闭。ON——没有动作（正常运行）	ON/OFF

四、自动变速器数据流与波形故障诊断实例

1. 上汽大众斯柯达明锐自动变速器油温传感器故障

【故障现象】

一辆 2010 年款上汽大众斯柯达明锐 1.6L 轿车，行驶里程 14.6 万 km，车主反映该车换档时车身严重抖动，换入 D 位后车辆加速不良。

【故障诊断与排除】

1）首先用故障诊断仪检测，发现自动变速器控制单元存储有 00300 自动变速器油温传感器的故障码，如图 3-17 所示。

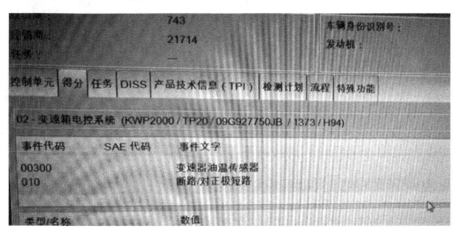

图 3-17　自动变速器油温传感器的故障码

2）读取自动变速器数据流，发现自动变速器油温传感器 G93 提供的温度为 -48℃，明显存在故障，于是决定更换新的自动变速器油温传感器。

3）更换新的自动变速器油温传感器后进行试车，汽车恢复正常，故障彻底排除。

2. 进口现代新胜达自动变速器油温传感器故障

【故障现象】

一辆 2010 年款进口现代新胜达 2.4L 轿车，行驶里程 14.9 万 km，车主反映该车驶过程中出现间歇性的换档冲击。

【故障诊断与排除】

1) 首先使用故障诊断仪进行自诊断,显示自诊断结果正常(图 3-18)。

2) 使用故障诊断仪读取自动变速器传感器数据流(图 3-19),在试车时发现自动变速器油温传感器的动态数据流为 -24.8°(图 3-20),明显存在故障。

3) 拆下自动变速器油底壳,更换自动变速器油温传感器(图 3-21),更换后进行试车,汽车的故障现象消除,故障彻底排除。

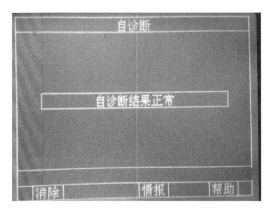

图 3-18 自诊断正常

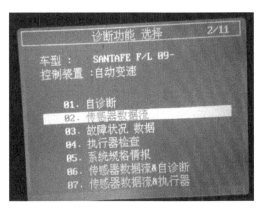

图 3-19 进行自动变速器传感器数据流

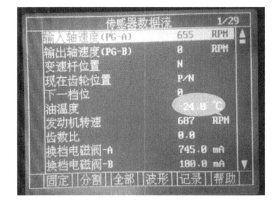

图 3-20 自动变速器油温传感器故障数据流

图 3-21 更换自动变速器油温传感器

3. 奔驰 R300 自动变速器入档无法行驶故障

【故障现象】

一辆 2011 年款奔驰 R300 3.0L 轿车,行驶里程 20.9 万 km,车主反映该车自动变速器不入档,有时入档也无法行驶的故障。

【故障诊断与排除】

1) 连接 X431 故障诊断仪进入自动变速器系统,读出故障码,显示 0718 和 0717,它们均与涡轮转速传感器(VGS)有关,如图 3-22 所示。

2) 清除故障码后试车行驶一段时间后又出现锁档现象,再次连接 X431 故障诊断仪,进入自动变速器系统,读取故障码,还出现相同故障码,于是读取涡轮转速传感器数据流,发现与发动机转速相差较大,说明涡轮转速传感器存在故障。

3）更换涡轮转速传感器后，自动变速器恢复正常，故障排除。

4. 广州本田雅阁自动变速器滤清器堵塞故障

【故障现象】

一辆 2009 年款雅阁 2.4L 轿车，行驶了 4 万 km 后，行驶过程中出现由制动到车辆停止时发动机熄火，但行驶中车辆提速和动力性良好。

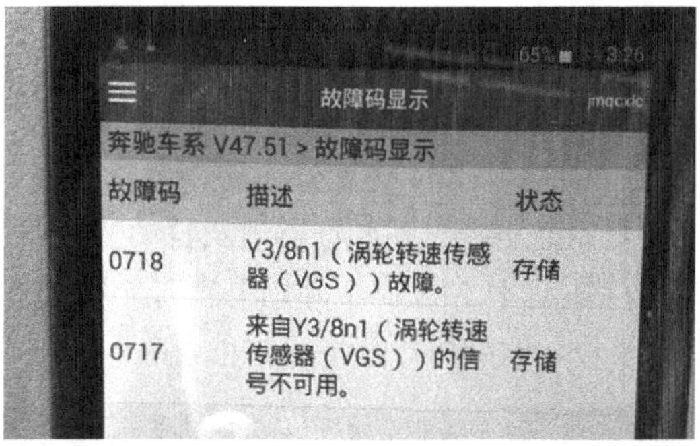

【故障诊断与排除】

图 3-22 涡轮转速传感器（VGS）故障信息

1）首先利用 HDS 故障诊断仪检查，无故障码，数据流分析空燃比为 14.7、ST 为 0.98、HO2S S2 为 0.49V，各项数据正常。进气系统在同等工况下检查也相对正常。

2）检查各传感器数据，在发动机熄火时未发现异常，线路插头连接良好，电阻正常。

3）由于发动机在制动停车时熄火，可能是锁止离合器分离不良，于是用 HDS 故障诊断仪分析自动变速器相关数据和波形，如图 3-23 所示。具体分析如下：

① A/T 换档电磁阀 E：打开时锁止离合器接合，关闭时锁止离合器分离。在熄火以前关闭指示正常。

② A/T 离合器压力控制电磁阀 A：分别控制锁止离合器不锁止、部分锁止和完全锁止，输出电流曲线有所不同。

③ ETR：根据发动机转速和主轴转速计算锁止离合器接合情况，档位控制在 1 档为 8% 左右，随着档位、车速的提高应有所上升，指示锁止离合器锁止状态。而此时数据突然上升至 251%，主轴转速有轻微波动，导致发动机熄火。

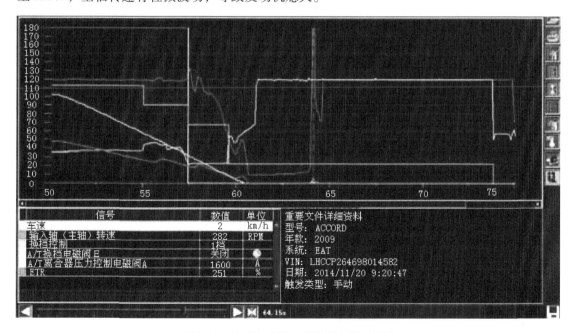

图 3-23 自动变速器相关数据和波形异常

4) 对 A/T 换档电磁阀 E、A/T 离合器压力控制电磁阀 A 进行功能测试和数据分析正常。

5) 对阀体进行清洗，然后试车确认故障依旧，在发动机将要熄火时听到自动变速器内有"嗒，嗒"响声，怀疑锁止离合器分离不良或润滑不良所致。

6) 重新更换自动变速器油及自动变速器油滤清器，然后进行测试。在更换自动变速器油滤清器后，换档控制下降到 1 档时，ETR 数据也下降到 8% 左右，主轴转速稳定没有波动（图 3-24），发动机转数平稳运行，故障彻底排除。

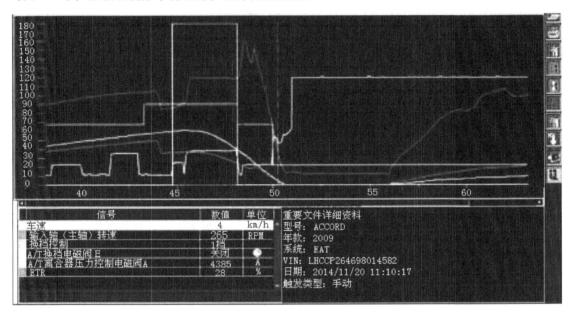

图 3-24　自动变速器相关数据和波形正常

第二节　电动转向控制系统数据流

一、电动转向控制系统数据流分析

1. 数据流单位

可使用故障诊断仪检查电动转向控制系统的数据。一般检测到故障并存储故障码时，与 CAN 总线相连的 ECU 获取确定故障码时的数据，然后存储当时的 ECU 状态。通过分析来自故障诊断仪的每个数据，可以更有效地进行故障排除。显示电动转向控制系统的项目见表 3-19。

表 3-19　数据流参数单位

项目名称	数据项目	单　位
里程表	产生故障码时的总行驶里程	km
点火循环	在故障之后将点火开关转到"ON"或"LOCK（OFF）"的次数	显示计数的数字
累计分钟数	当前故障码的故障累计时间	min

第三章 底盘电控系统数据流与波形的分析及故障诊断

（续）

项目名称	数据项目	单位
力矩传感器（主）	产生故障码时的主力矩传感器的电压	V
力矩传感器（副）	产生故障码时的副力矩传感器的电压	V
力矩传感器（电源）	产生故障码时的力矩传感器电源的电压	V
继电器电压	产生故障码时的电源继电器的电压	V
车速	产生故障码时的车速	V

2. 数据流分析

使用故障诊断仪可以从 EPS-ECU 输入数据中读取电动转向控制系统数据流，系统正常时的数据见表 3-20。

表 3-20 数据流参数

序号	显示项目	技术规范		正常数据
01	力矩传感器（主）	① 起动发动机 ② 车辆静止时转动转向盘	中央位置	约 2.5V
			转向盘转向右边	2.5~4.7V
			转向盘转向左边	0.3~2.5V
02	力矩传感器（副）	① 起动发动机 ② 车辆静止时转动转向盘	中央位置	约 2.5V
			转向盘转向右边	2.5~0.3V
			转向盘转向左边	4.7~2.5V
03	力矩传感器（电源）	起动发动机		4.7~5.3V
04	电动机电流	① 起动发动机 ② 车辆静止时左右转动转向盘		约小于或等于 82mA（不操作转向盘时，大约蓄电池电压）
05	电动机电流（目标）	① 起动发动机 ② 车辆静止时左右转动转向盘		约小于或等于 82mA（不操作转向盘时，大约蓄电池电压）
06	发动机转速	① 起动发动机 ② 车辆静止时左右转动转向盘		转速表显示值与故障诊断仪显示值相互一致
07	车速	① 起动发动机 ② 车辆静止时左右转动转向盘		车速表显示值与故障诊断仪显示值相互一致
08	点火开关	点火开关：LOCK（OFF）		关闭
		点火开关：ON		打开
09	电动机电流（无限目标）	① 起动发动机 ② 车辆静止时左右转动转向盘		约小于或等于 82mA
10	电动机电动角度	① 起动发动机 ② 车辆静止时左右转动转向盘		0°~360°
11	电动机转速	① 起动发动机 ② 车辆静止时左右转动转向盘		额定值：1130r/min 空档：0r/min
12	电动机电压	起动发动机		电动机端子间的电压：额定值 12V

(续)

序　号	显示项目	技术规范	正常数据
13	电源继电器电压	点火开关：ON	OFF
		起动发动机	蓄电池电压
14	点火电压	点火开关：ON	蓄电池电压
15	电源继电器	点火开关：ON	OFF
		起动发动机	打开
16	电动机继电器	点火开关：ON	OFF
		起动发动机	打开

二、电动转向控制系统数据流诊断思路

1. 主（或副）力矩传感器数据流诊断思路

力矩传感器主输出电压或力矩传感器副输出电压应大于 4.7V 或小于 0.3V。力矩传感器主输出电压或力矩传感器副输出电压不符合 EPS-ECU 中储存的预定电压，EPS-ECU 会判断是力矩传感器主系统还是力矩传感器副系统有故障。

主（或副）力矩传感器数据流诊断思路如图 3-25 所示。

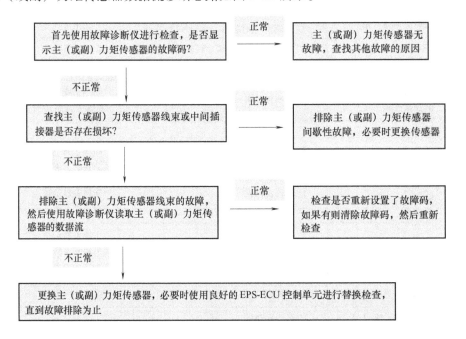

图 3-25　主（或副）力矩传感器数据流诊断思路

2. 电动机数据流诊断思路

电动机数据流诊断思路如图 3-26 所示。

3. 电动助力下降诊断思路

电动助力下降诊断思路如图 3-27 所示。

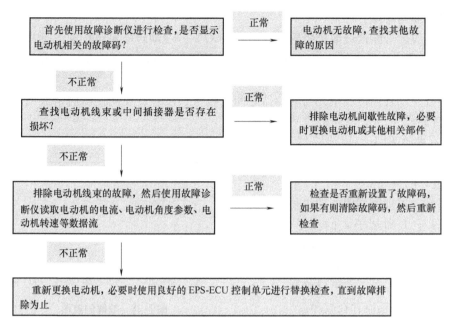

图 3-26　电动机数据流诊断思路

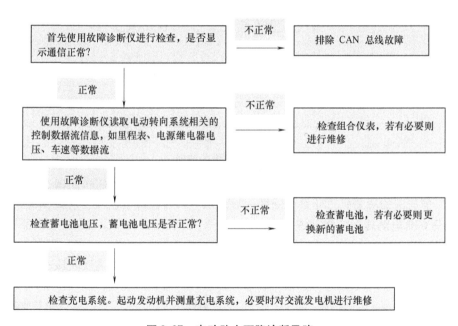

图 3-27　电动助力下降诊断思路

三、电动转向控制系统数据流诊断实例

1. 宝马 X5 电动转向控制系统故障

【故障现象】

一辆 2014 年款宝马 X5 4.0T 轿车，行驶里程 10.3 万 km，车主反映该车电动助力转向系统故障灯点亮。

【故障诊断与排除】

1）连接故障诊断仪读取故障码，显示006137——主动转向系统伺服电动机位置传感器故障。该故障码为当前故障且无法清除。根据故障码的提示，决定先检查主动转向控制单元和转向器之间的线路。

2）检查主动转向控制单元与转向器之间的线束，没有发现插接器脱落或线束损坏的情况。检查转向器上伺服电动机位置传感器（有些车称为力矩传感器）的导线插接器，插接牢固，且没有出现针脚损坏的情况。

3）用示波器读取伺服电动机位置传感器端子1和端子4的波形，示波器只有电压显示，没有脉冲波形输出（图3-28），与正常车的波形（图3-29）进行对比，可以确定伺服电动机位置传感器存在故障。

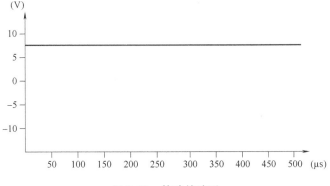

图3-28 故障的波形

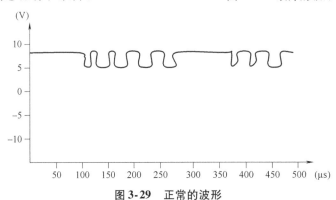

图3-29 正常的波形

4）由于伺服电动机位置传感器没有单独的零件，于是使用新的转向器总成（图3-30）进行更换。最后清除故障码，并对主动转向控制单元进行匹配后试车，故障彻底排除。

2. 宝马630电动转向控制系统故障

【故障现象】

一辆2006年款宝马630 3.0L轿车，行驶里程25.3万km，车主反映该车显示主动转向系统失效（图3-31）。

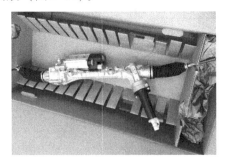

图3-30 新的转向器总成

图3-31 显示主动转向系统失效

【故障诊断与排除】

1）使用宝马专用故障诊断仪读取故障码，显示一连串的故障信息，于是清除故障码后再读取，显示主动转向系统故障的相关信息，如图 3-32 所示。

图 3-32　主动转向系统故障的相关信息

2）由于该故障显示均与转向角度有关，所以要针对转向角传感器进行检查。由于该车的转向角传感器位于转向柱开关中心内，决定拆开转向柱开关进一步检查。拆开时发现转向角传感器内部存在很多灰尘，于是将转向角传感器的灰尘清理干净，如图 3-33 所示。

图 3-33　转向角传感器

3）重新装复后在清除故障码，主动转向系统恢复正常，故障彻底排除。

第三节　ABS 数据流

一、ABS 数据流分析

1. 三菱轿车数值参数与主动测试

（1）数值参数

1）将故障诊断仪连接到诊断插座上。

2）将点火开关转到 ON（IG）。

3）根据故障诊断仪显示屏的显示，读取"数据流"，见表 3-21。

表 3-21 三菱轿车 ABS 数据参数

序　号	显 示 项 目	技 术 规 范	正 常 数 据
01	ABS 警告灯	ABS 警告灯亮起	ON
		ABS 警告灯熄灭	OFF
02	制动警告灯	制动警告灯亮起	ON
		制动警告灯熄灭	OFF
03	制动灯开关	踩下制动踏板	ON
		松开制动踏板	OFF
04	驻车制动器开关	拉上驻车制动器	ON
		松开驻车制动器	OFF
05	车轮转速	车轮行驶	实际车轮转速
06	右前 ABS 控制状态	ABS 控制时	ON
		无 ABS 控制时	OFF
07	左前 ABS 控制状态	ABS 控制时	ON
		无 ABS 控制时	OFF
08	右后 ABS 控制状态	ABS 控制时	ON
		无 ABS 控制时	OFF
09	左后 ABS 控制状态	ABS 控制时	ON
		无 ABS 控制时	OFF
10	右前 EBD 控制状态	EBD 控制时	ON
		无 EBD 控制时	OFF
11	左前 EBD 控制状态	EBD 控制时	ON
		无 EBD 控制时	OFF
12	右后 EBD 控制状态	EBD 控制时	ON
		无 EBD 控制时	OFF
13	左后 EBD 控制状态	EBD 控制时	ON
		无 EBD 控制时	OFF
14	ABS 电磁线圈继电器	ABS 电磁线圈继电器 ON	ON
		ABS 电磁线圈继电器 OFF	OFF
15	ABS 泵继电器	ABS 泵运行时	ON
		无 ABS 泵运行时	OFF
16	ABS 电磁线圈（SFRH）	运行时	ON
		无运行时	OFF
17	ABS 电磁线圈（SFRR）	运行时	ON
		无运行时	OFF
18	ABS 电磁线圈（SFLH）	运行时	ON
		无运行时	OFF
19	ABS 电磁线圈（SFLR）	运行时	ON
		无运行时	OFF
20	ABS 电磁线圈（SRRH）	运行时	ON
		无运行时	OFF

第三章　底盘电控系统数据流与波形的分析及故障诊断

(续)

序　号	显示项目	技　术　规　范	正　常　数　据
21	ABS 电磁线圈（SRRR）	运行时	ON
		无运行时	OFF
22	ABS 电磁线圈（SRLH）	运行时	ON
		无运行时	OFF
23	ABS 电磁线圈（SRLR）	运行时	ON
		无运行时	OFF

(2) 主动测试

1) 将故障诊断仪连接到诊断插座上。
2) 将点火开关转到 ON (IG)。
3) 根据故障诊断仪显示屏的显示，执行"主动测试"，见表 3-22。

表 3-22　三菱轿车 ABS 主动测试

项　目	驱动内容	检查状态	正常状况	分　析
ABS 警告灯	将 ABS 警告灯从 OFF 切换至 ON	点火开关：ON	观察 ABS 警告灯应该点亮	如果 ABS 警告灯与规定不符合，应排除 ABS 警告灯线束故障，必要时更换组合仪表
制动警告灯	将制动警告灯从 OFF 切换至 ON	点火开关：ON	观察制动警告灯应该点亮	如果制动警告灯与规定不符合，应排除制动警告灯线束故障，必要时更换组合仪表
ABS 泵继电器	将 ABS 泵继电器从 OFF 切换至 ON	点火开关：ON	可听到 ABS 泵继电器的工作响声	如果与规定不符合，则说明 ABS 泵继电器或控制线路出现断路或短路
ABS 电磁线圈（SFRH）	将 ABS 电磁线圈从 OFF 切换至 ON	点火开关：ON	可以听到电磁线圈工作响声（滴答声）	如果与规定不符合，则说明电磁线圈或控制线路出现断路或短路
ABS 电磁线圈（SFRR）	将 ABS 电磁线圈从 OFF 切换至 ON	点火开关：ON	可以听到电磁线圈工作响声（滴答声）	如果与规定不符合，则说明电磁线圈或控制线路出现断路或短路
ABS 电磁线圈（SFLH）	将 ABS 电磁线圈从 OFF 切换至 ON	点火开关：ON	可以听到电磁线圈工作响声（滴答声）	如果与规定不符合，则说明电磁线圈或控制线路出现断路或短路
ABS 电磁线圈（SFLR）	将 ABS 电磁线圈从 OFF 切换至 ON	点火开关：ON	可以听到电磁线圈工作响声（滴答声）	如果与规定不符合，则说明电磁线圈或控制线路出现断路或短路
ABS 电磁线圈（SRRH）	将 ABS 电磁线圈从 OFF 切换至 ON	点火开关：ON	可以听到电磁线圈工作响声（滴答声）	如果与规定不符合，则说明电磁线圈或控制线路出现断路或短路
ABS 电磁线圈（SRRR）	将 ABS 电磁线圈从 OFF 切换至 ON	点火开关：ON	可以听到电磁线圈工作响声（滴答声）	如果与规定不符合，则说明电磁线圈或控制线路出现断路或短路
ABS 电磁线圈（SRLH）	将 ABS 电磁线圈从 OFF 切换至 ON	点火开关：ON	可以听到电磁线圈工作响声（滴答声）	如果与规定不符合，则说明电磁线圈或控制线路出现断路或短路
ABS 电磁线圈（SRLR）	将 ABS 电磁线圈从 OFF 切换至 ON	点火开关：ON	可以听到电磁线圈工作响声（滴答声）	如果与规定不符合，则说明电磁线圈或控制线路出现断路或短路

2. 丰田轿车数值参数与主动测试

（1）数值参数 以丰田轿车为例，根据故障诊断仪上显示的数据，在不拆卸零件的情况下可读取开关、传感器、执行器和其他部件的值。排除故障时首先读取数据，可以缩短故障排除时间。首先打开故障诊断仪，然后根据故障诊断仪显示屏的显示，读取"数据流"即可，见表3-23。

表3-23 丰田轿车ABS数据参数

序号	显示项目	技术规范	正常数据
01	ABS Warning Lamp（ABS警告灯）	ABS警告灯ON/OFF	ON：ABS警告灯亮起 OFF：ABS警告灯熄灭
02	BRAKE Warning Lamp（制动警告灯）	制动警告灯ON/OFF	ON：制动警告灯亮起 OFF：制动警告灯熄灭
03	Stop Lamp SW（制动灯SW）	制动灯开关/ON或OFF	ON：踩下制动踏板 OFF：松开制动踏板
04	Parking Brake SW（驻车制动器SW）	驻车制动器开关/ON或OFF	ON：拉上驻车制动器 OFF：松开驻车制动器
05	FR Wheel Speed（右前轮转速）	车轮转速传感器（FR）读取值/最低0km/h，最高326km/h	实际车轮转速
06	RR Wheel Speed（右后轮转速）	车轮转速传感器（RR）读取值/最低0km/h，最高326km/h	实际车轮转速
07	RL Wheel Speed（左后轮转速）	车轮转速传感器（RL）读取值/最低0km/h，最高326km/h	实际车轮转速
08	Vehicle Speed（车速）	车速/最低0km/h，最高326km/h	实际车轮转速
09	FR Wheel Acceleration（右前轮加速度）	右前车轮加速度/最低-200.84m/s，最高199.27m/s	0m/s
10	FL Wheel Acceleration（左前轮加速度）	左前轮加速度/最低-200.84m/s，最高199.27m/s	0m/s
11	RR Wheel Acceleration（右后轮加速度）	右前轮加速度/最低-200.84m/s，最高199.27m/s	0m/s
12	RL Wheel Acceleration（左后轮加速度）	左后轮加速度/最低-200.84m/s，最高199.27m/s	0m/s
13	FR Wheel ABS Ctrl Status（右前轮ABS控制状态）	右前ABS控制状态/ON或OFF	ON：ABS控制时 OFF：无ABS控制时
14	FL Wheel ABS Ctrl Status（左前轮ABS控制状态）	左前ABS控制状态/ON或OFF	ON：ABS控制时 OFF：无ABS控制时
15	RR Wheel ABS Ctrl Status（右后轮ABS控制状态）	右后ABS控制状态/ON或OFF	ON：ABS控制时 OFF：无ABS控制时
16	RL Wheel ABS Ctrl Status（左后轮ABS控制状态）	左后ABS控制状态/ON或OFF	ON：ABS控制时 OFF：无ABS控制时

(续)

序号	显示项目	技术规范	正常数据
17	FR Wheel EBD Ctrl Status（右前轮 EBD 控制状态）	右前 EBD 控制状态/ON 或 OFF	ON：EBD 控制时 OFF：无 EBD 控制时
18	FL Wheel EBD Ctrl Status（左前轮 EBD 控制状态）	左前 EBD 控制状态/ON 或 OFF	ON：EBD 控制时 OFF：无 EBD 控制时
19	RR Wheel EBD Ctrl Status（右后轮 EBD 控制状态）	右后 EBD 控制状态/ON 或 OFF	ON：EBD 控制时 OFF：无 EBD 控制时
20	RL Wheel EBD Ctrl Status（左后轮 EBD 控制状态）	左后 EBD 控制状态/ON 或 OFF	ON：EBD 控制时 OFF：无 EBD 控制时
21	Solenoid Relay（电磁线圈继电器）	电磁线圈继电器/ON 或 OFF	ON：电磁线圈继电器 ON OFF：电磁线圈继电器 OFF
22	ABS Motor Relay（ABS 电动机继电器）	ABS 电动机继电器/ON 或 OFF	ON：泵电动机运行时 OFF：无泵电动机运行时
23	ABS Solenoid（SFRH）（ABS 电磁线圈 SFRH）	ABS 电磁线圈（SFRH）ON/OFF	ON：运行
24	ABS Solenoid（SFRR）（ABS 电磁线圈 SFRR）	ABS 电磁线圈（SFRR）ON/OFF	ON：运行
25	ABS Solenoid（SFLH）（ABS 电磁线圈 SFLH）	ABS 电磁线圈（SFLH）ON/OFF	ON：运行
26	ABS Solenoid（SFLR）（ABS 电磁线圈 SFLR）	ABS 电磁线圈（SFLR）ON/OFF	ON：运行
27	ABS Solenoid（SRRH）（ABS 电磁线圈 SRRH）	ABS 电磁线圈（SRRH）ON/OFF	ON：运行
28	ABS Solenoid（SRRR）（ABS 电磁线圈 SRRR）	ABS 电磁线圈（SRRR）ON/OFF	ON：运行
29	ABS Solenoid（SRLH）（ABS 电磁线圈 SRLH）	ABS 电磁线圈（SRLH）ON/OFF	ON：运行
30	ABS Solenoid（SRLR）（ABS 电磁线圈 SRLR）	ABS 电磁线圈（SRLR）ON/OFF	ON：运行

（2）主动测试 以丰田轿车为例，对 ABS 进行主动测试可以在不拆卸任何零件的情况下，运行继电器、VSV、执行器和其他项目。排除故障时首先进行主动测试，可以缩短排除故障工时。首先打开故障诊断仪，然后根据故障诊断仪显示屏的显示执行"主动测试"，见表 3-24。

表 3-24 ABS 主动测试

序号	显示项目	解析	控制范围
01	ABS Warning Lamp（ABS 警告灯）	ABS 警告灯 ON/OFF，通过观察组合仪表	警告灯 OFF→ON→OFF

(续)

序号	显示项目	解析	控制范围
02	Brake Warning Lamp（制动警告灯）	制动警告灯 ON/OFF，通过观察组合仪表	警告灯 OFF→ON→OFF
03	Motor Relay（泵电动机继电器）	ABS 电动机继电器 ON/OFF，可听到电动机的工作响声	电动机继电器 OFF→ON→OFF
04	ABS Solenoid（SRLR）（ABS 线圈 SRLR）	ABS 电磁线圈（SRLR）ON/OFF，可以听到电磁线圈工作响声（滴答声）	电磁线圈 OFF→ON→OFF
05	ABS Solenoid（SRLH）（ABS 电磁线圈 SRLH）	ABS 电磁线圈（SRLH）ON/OFF，可以听到电磁线圈工作响声（滴答声）	电磁线圈 OFF→ON→OFF
06	ABS Solenoid（SRRR）（ABS 电磁线圈 SRRR）	ABS 电磁线圈（SRRR）ON/OFF，可以听到电磁线圈工作响声（滴答声）	电磁线圈 OFF→ON→OFF
07	ABS Solenoid（SRRH）（ABS 电磁线圈 SRRH）	ABS 电磁线圈（SRRH）ON/OFF，可以听到电磁线圈工作响声（滴答声）	电磁线圈 OFF→ON→OFF
08	ABS Solenoid（SFLR）（ABS 电磁线圈 SFLR）	ABS 电磁线圈（SFLR）ON/OFF，可以听到电磁线圈工作响声（滴答声）	电磁线圈 OFF→ON→OFF
09	ABS Solenoid（SFLH）（ABS 电磁线圈 SFLH）	ABS 电磁线圈（SFLH）ON/OFF，可以听到电磁线圈工作响声（滴答声）	电磁线圈 OFF→ON→OFF
10	ABS Solenoid（SFRR）（ABS 电磁线圈 SFRR）	ABS 电磁线圈（SFRR）ON/OFF，可以听到电磁线圈工作响声（滴答声）	电磁线圈 OFF→ON→OFF
11	ABS Solenoid（SFRH）（ABS 电磁线圈 SFRH）	ABS 电磁线圈（SFRH）ON/OFF，可以听到电磁线圈工作响声（滴答声）	电磁线圈 OFF→ON→OFF

二、ABS 数据流诊断思路

ABS 数据流诊断思路如图 3-34 所示。

三、ABS 数据流故障诊断实例

1. 荣威 550S ABS 故障

【故障现象】

一辆 2014 年款荣威 550S 1.8L 轿车，行驶里程 7.3 万 km，车主反映该车在良好干燥的路面上行驶时，轻踩制动踏板，出现制动踏板剧烈振动的故障。

【故障诊断与排除】

1）用故障诊断仪检测 ABS，出现"车轮速度传感器缺少故障，前左"，如图 3-38 所示。

2）根据经验拆检左前轮速传感器，发现上面吸附了许多粉尘。由于轮速传感器上面有过多的粉尘，导致轮速传感器的信号降低或有偏差，使 ABS 把良好干燥的路面误判成高低不平复杂的路面，出现轻踩制动踏板，制动踏板剧烈振动的故障。

3）清除左前轮速传感器上的粉尘，安装好后，进行试车，故障排除。

第三章 底盘电控系统数据流与波形的分析及故障诊断

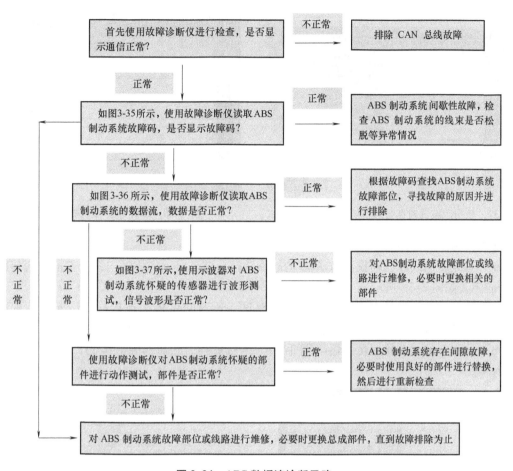

图 3-34 ABS 数据流诊断思路

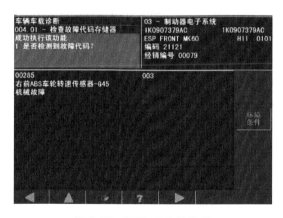

图 3-35 读取 ABS 故障码

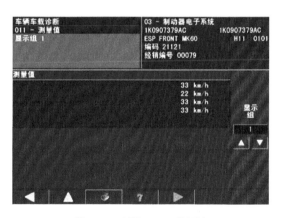

图 3-36 读取 ABS 数据流

2. 欧蓝德 ABS 警告灯间歇性点亮

【故障现象】

一辆 2012 年款欧蓝德 2.4L 轿车，行驶里程 16.3 万 km，车主反映该车 ABS 警告灯间歇性点亮。

121

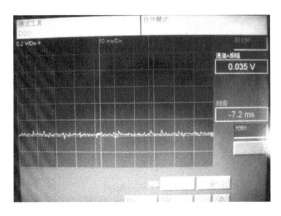
图 3-37 使用示波器对怀疑的传感器进行波形测试

图 3-38 车轮速度传感器故障信息

【故障诊断与排除】

1）首先使用故障诊断仪读取 ABS 的故障储存，结果显示的故障内容为左前轮速传感器信号故障，如图 3-39 所示。

2）将左右前轮速传感器对调后试车，路试一段时间后再次连接故障诊断仪读取故障码，结果故障内容变为"右前轮速传感器信号故障"，说明左前轮轮速传感器确实故障。

3）使用新的左前轮速传感器（图 3-40）进行更换，然后清除故障码，ABS 恢复正常，故障排除。

图 3-39 左前轮速传感器信号故障

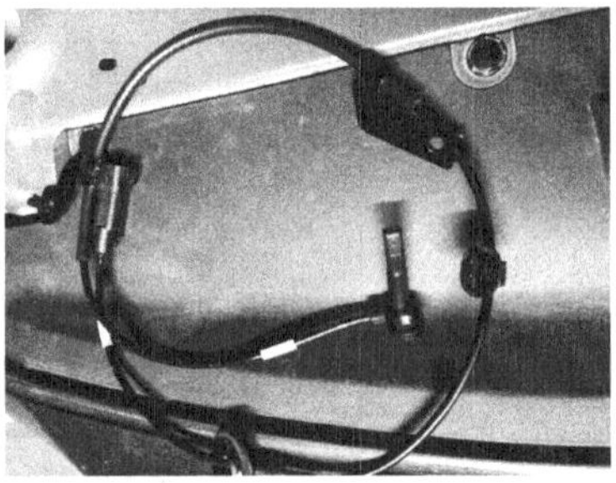

图 3-40 新的左前轮速传感器

3. 东风雪铁龙世嘉 ABS 故障

【故障现象】

一辆 2014 年款东风雪铁龙世嘉 1.6L 轿车，行驶里程 6.18 万 km，车主反映该车行驶途中出现 ABS 故障信息（图 3-41）。

【故障诊断与排除】

1）维修人员首先使用故障诊断仪读取故障，显示"ABS 再循环泵故障"，如图 3-42 所示。

2）如图 3-43 所示，更换新的 ABS 再循环泵，然后对制动系统进行排空气操作，

图 3-41 ABS 系统故障信息

最后使用故障诊断仪清除 ABS 系统的故障码，故障排除。

图 3-42　ABS 再循环泵故障信息

图 3-43　更换新的 ABS 再循环泵

4. 帕萨特 ABS 故障灯点亮

【故障现象】

一辆 2014 年款帕萨特 1.4TSI 轿车，行驶里程 5.3 万 km，车主反映该车在行驶途中出现 ABS 故障灯点亮。

【故障诊断与排除】

1）使用故障诊断仪读取 ABS 故障码，显示"ABS 液压泵-V64 信号超过容许范围偶然"，如图 3-44 所示。

2）检查 ABS 液压泵的线束及其插接器，没有发现接触不良或断路的异常情况。使用故障诊断仪对 ABS 液压泵执行元件进行测试，发现 ABS 液压泵内的电磁阀工作卡滞，说明 ABS 液压泵存在故障。

3）如图 3-45 所示，使用新的 ABS 液压泵进行更换，然后对制动系统进行排空气操作，最后使用故障诊断仪清除 ABS 故障码，故障排除。

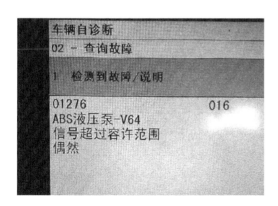

图 3-44　故障信息

图 3-45　更换 ABS 液压泵

第四章 汽车电器数据流与波形的分析及故障诊断

第一节 组合仪表系统数据流

一、组合仪表系统数据流分析

1. 三菱轿车组合仪表系统数据流

使用故障诊断仪可以从组合仪表 ECU 输入数据中读取组合仪表数据流,系统正常时的数据见表 4-1。

表 4-1 组合仪表数据流参数

序号	显示项目	技术规范	正常数据
01	夜间行车灯	尾灯:点亮	ON
		尾灯:关闭	OFF
02	车速表	汽车正常行驶	车速表显示值与故障诊断仪显示值相互一致
03	转速表	汽车起动	转速表显示值与故障诊断仪显示值相互一致
04	燃油表	点火开关打开	燃油表装置电阻值与故障诊断仪显示值相互一致(误差不大于 ±2Ω)
05	里程表	点火开关打开	里程表显示值与故障诊断仪显示值相互一致
06	电源电压	始终	5~20V
07	SRS 指示灯	指示灯点亮	ON
		指示灯熄灭	OFF
08	ABS 指示灯	指示灯点亮	ON
		指示灯熄灭	OFF
09	充电指示灯	指示灯点亮	ON
		指示灯熄灭	OFF
10	发动机故障指示灯	指示灯点亮	ON
		指示灯熄灭	OFF
11	制动器指示灯	指示灯点亮	ON
		指示灯熄灭	OFF

(续)

序号	显示项目	技术规范	正常数据
12	驾驶人座椅安全带指示灯	指示灯点亮	ON
		指示灯熄灭	OFF
13	ASC/TCL 工作指示灯	指示灯点亮	ON
		指示灯熄灭	OFF
14	ECO 指示器	始终	OFF
15	转向信号指示灯（右侧）	转向信号灯（右侧）：点亮	ON
		转向信号灯（右侧）：熄灭	OFF
16	转向信号指示灯（左侧）	转向信号灯（左侧）：点亮	ON
		转向信号灯（左侧）：熄灭	OFF
17	前雾灯指示灯	指示灯点亮	ON
		指示灯熄灭	OFF
18	远光指示灯	变光开关：ON	ON
		变光开关：OFF	OFF
19	示廓灯指示灯	尾灯开关：ON	ON
		尾灯开关：OFF	OFF
20	前照灯自动调平指示灯	指示灯点亮	ON
		指示灯熄灭	OFF
21	左前停车传感器指示器	始终	OFF
22	右前停车传感器指示器	始终	OFF
23	左后停车传感器指示器	指示灯点亮	ON
		指示灯熄灭	OFF
24	右后停车传感器指示器	指示灯点亮	ON
		指示灯熄灭	OFF
25	倒车/停车传感器	指示灯点亮	ON
		指示灯熄灭	OFF
26	巡航控制指示灯	指示灯点亮	ON
		指示灯熄灭	OFF
27	后雾灯指示灯	指示灯点亮	ON
		指示灯熄灭	OFF
28	AFS OFF 指示灯	始终	OFF
29	乘客座椅安全带指示灯	始终	OFF
30	仪表灯亮度	点火开关打开	0%～100%，0%表示最暗，而100%表示最大亮度

2. 丰田轿车组合仪表系统数据流

1）使用故障诊断仪可以从组合仪表 ECU 输入数据中读取组合仪表数据流，系统正常时的数据见表4-2。

表4-2 丰田轿车组合仪表系统数据流

序号	显示项目	技术规范	正常数据
1	Tail Cancel SW（尾灯取消开关）	尾灯取消开关为ON/OFF	ON：尾灯取消开关旋钮顺时针转到底 OFF：尾灯取消开关旋钮逆时针转到底
2	ODO/TRIP Change SW（ODO/TRIP更改开关）	ODO/TRIP开关为ON/OFF	ON：按下开关 OFF：松开开关
3	P-Seatbelt Buckle SW（乘客座椅安全带搭扣开关）	前乘客侧搭扣开关为ON/OFF	ON：座椅安全带已系紧 OFF：座椅安全带未系紧
4	Vehicle Speed Meter（车速表）	车速/最低：0km/h 最高：255km/h	几乎与实际车速相同（驾驶时）
5	Engine Speed（发动机转速）	发动机转速/最小：0r/min 最大：12750r/min	发动机转速表几乎与实际发动机转速相同（发动机运行时）
6	Engine Coolant Temperature（发动机冷却液温度）	发动机冷却液温度在0~127.5℃	暖机后85~105℃
7	Washer Switch（洗涤器开关）	洗涤液液位警告开关为ON/OFF	ON：洗涤液液位高于低液位线 OFF：洗涤液液位低于低液位线
8	Fuel Input（燃油输入）	燃油输入信号最小：0；最大：64.4L	燃油表指示（F）：64.4（L） 燃油表指示（3/4）：52.5（L） 燃油表指示（1/2）：35.0（L） 燃油表指示（1/4）：17.5（L） 燃油表指示（E）：7.0（L）
9	Ambient Temperature（环境温度）	外部温度：最低：-40~87.5℃	几乎与实际外部温度相同
10	Rheostat value（变阻器值）	灯光控制变阻器/最小：0%，最大：100%	灯光控制变阻器开关设定在Dark（暗）0%→Bright（亮）100%之间
11	Quantity of Outside Light（车外光线质量）	灯光控制变阻器/最小：0%，最大：100%	灯光控制变阻器开关设定在Dark（0%）→Bright（100%）之间
12	Key Remind Sound（钥匙提醒声音）	钥匙提醒警告蜂鸣器的周期为Fast（快）、Normal（正常）和Slow（慢）	显示出钥匙提醒警告蜂鸣器的周期的定制设置
13	Seat-belt Warning Buzzer（座椅安全带警告蜂鸣器）	座椅安全带警告蜂鸣器的音量为D/P ON、D ON、P ON和D/P OFF	显示出座椅安全带警告蜂鸣器的音量的定制设置
14	Key Remind Volume（钥匙提醒音量）	钥匙提醒警告蜂鸣器的音量为Large（高）、Medium（中）和Small（低）	显示出钥匙提醒警告蜂鸣器的音量的定制设置

2）使用故障诊断仪可以进入菜单：Diagnosis（诊断）/OBD/MOBD/Combination Meter（组合仪表）/Active Test（主动测试），然后根据故障诊断仪上的显示，执行"Active Test"

（主动测试），从而快速的诊断出组合仪表的故障（表4-3）。

表4-3 组合仪表主动测试

序号	显示项目	测试部件	控制范围
1	Speed Meter Operation（车速表操作）	车速表	0、40、80、120、160、200km/h
2	Tacho Meter Operation（转速表操作）	转速表	0、1000、2000、3000、4000、5000、6000、7000r/min
3	Fuel Meter Operation（燃油表操作）	燃油表传感器	空，1/2，满
4	Water Temperature Meter Operation（冷却液温度表操作）	发动机冷却液温度传感器	LOW（低）/NORMAL（正常）/HIGH（高）
5	A/T Indicator Operation 1（A/T指示灯操作1）	A/T换档指示灯	A/T换档指示灯 L、2、3、4、S、D、N、R、P 为 OFF/ON
6	A/T Indicator Operation 2（A/T指示灯操作2）	A/T档位范围指示灯	A/T档位范围指示灯为 OFF/ON
7	Meter Display 1（仪表显示屏1）	多信息显示器	多信息显示屏中所有的圆点为 OFF/ON
8	Meter Display 2（仪表显示屏2）	A/T换档指示灯显示屏	A/T换档指示灯显示屏中的所有圆点为 OFF/ON
9	Indicat. Lamp Airbag（指示灯-安全气囊）	安全气囊警告灯	安全气囊警告灯为 OFF→ON→OFF
10	Indicat. Lamp Doors All Open（指示灯-车门都打开）	门未紧闭指示器	门未紧闭指示器为 OFF→ON→OFF
11	Indicat. Lamp P-seat Belt（指示灯-乘客座椅安全带）	前乘客座椅安全带警告灯	前乘客座椅安全带警告灯为 OFF→ON→OFF
12	Indicat. Lamp D-seat Belt（指示灯-驾驶人座椅安全带）	驾驶人座椅安全带警告灯	驾驶人座椅安全带警告灯为 OFF→ON→OFF
13	Indicat. Lamp ABS（指示灯-ABS）	ABS警告灯	ABS警告灯为 OFF→ON→OFF
14	Indicat. Lamp Charge（指示灯-充电）	充电警告灯	充电警告灯为 OFF→ON→OFF
15	Indicat. Lamp Slip（指示灯-侧滑）	侧滑指示灯	侧滑指示灯为 OFF→ON→OFF
16	Indicat. Lamp Beam（指示灯-远近光）	远光指示灯	远光指示灯为 OFF→ON→OFF
17	Indicat. Lamp Tail（指示灯-尾灯）	尾灯指示灯	尾灯指示灯为 OFF→ON→OFF

(续)

序号	显示项目	测试部件	控制范围
18	Indicat. Lamp Fr FOG（指示灯-前雾灯）	前雾灯指示灯	前雾灯指示灯为 OFF→ON→OFF
19	Indicat. Lamp Rr FOG（指示灯-后雾灯）	后雾灯指示灯	后雾灯指示灯为 OFF→ON→OFF
20	Indicat. Lamp D Door Open（指示灯-D门未紧闭）	门未紧闭指示灯	门未紧闭指示灯为 OFF→ON→OFF
21	Indicat. Lamp P Door Open（指示灯-P门未紧闭）	门未紧闭指示灯	门未紧闭指示灯为 OFF→ON→OFF
22	Indicat. Lamp RR Door Open（指示灯-RR门未紧闭）	门未紧闭指示灯	门未紧闭指示灯为 OFF→ON→OFF
23	Indicat. Lamp RL Door Open（指示灯-RL门未紧闭）	门未紧闭指示灯	门未紧闭指示灯为 OFF→ON→OFF
24	Indicat. Lamp Luggage Door Open（指示灯-行李箱盖未紧闭）	行李箱盖未紧闭指示灯	行李箱盖未紧闭指示灯为 OFF→ON→OFF
25	Indicat. Lamp Fuel（指示灯-燃油）	燃油警告灯	燃油警告灯为 OFF→ON→OFF
26	Indicat. Lamp Brake（指示灯-制动器）	制动警告灯	制动警告灯为 OFF→ON→OFF

二、组合仪表系统数据流诊断思路

组合仪表系统数据流诊断思路如图 4-1 所示。

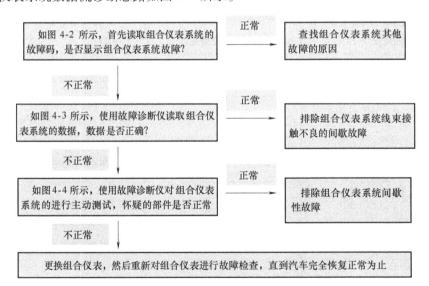

图 4-1 组合仪表系统数据流诊断思路

组合仪表系统自诊断	
故障码	描述
P1CC000	58d 输入错误
P1CC200	IC 输入电压过低
P1BB800	安全气囊控制器线路与地短路故障

图 4-2　读取组合仪表系统的故障码

数据流	
名称	状态
制动液液位输入	禁用
安全气囊状态	启用
点火输入	启用
发动机机油压力输入	禁用
充电输入	启用
短里程开关按钮	释放

图 4-3　使用故障诊断仪读取组合仪表系统的数据

主动测试
检查警告灯
检查蜂鸣器
检查背光灯亮度
发动机转速表指针
车速表指针

图 4-4　使用故障诊断仪对组合仪表系统的进行主动测试

三、组合仪表系统数据流故障诊断实例

1. 雪佛兰乐驰组合仪表故障

【故障现象】

一辆 2012 年款雪佛兰乐驰 1.0L 轿车，行驶里程 15.6 万 km，车主反映该车组合仪表出现发动机故障灯常亮，但发动机没有异常。

【故障诊断与排除】

1) 首先使用故障诊断仪进行测试，出现组合仪表的故障码，于是设法进行清除，发现

故障码无法清除。

2）将汽车的组合仪表拆下并进行仔细检查，发现组合仪表上的故障指灯线路与仪表上的固定螺钉垫片异常接触造成线路短路，所以导致发动机故障灯常亮。

3）如图 4-5 所示，更换新的组合仪表后故障排除，汽车恢复正常。

2. 别克君威组合仪表故障

【故障现象】

一辆 2012 年款别克君威 2.0L 轿车，行驶里程 16.2 万 km，车主反映该车组合仪表出现间歇性显示（图 4-6），但发动机没有异常。

图 4-5　更换新的组合仪表

图 4-6　组合仪表间歇性显示

【故障诊断与排除】

1）首先使用故障诊断仪读取故障码，没有发现任何可疑的故障信息。接着读取组合仪表的数据流，也没有出现异常情况，初步判断组合仪表液晶显示器故障。

2）重新更换新的组合仪表后故障彻底排除。

第二节　自动照明系统数据流

一、自动照明系统数据流分析

使用故障诊断仪可以从自动照明系统 ECU 输入数据中读取自动照明系统数据流，系统正常时的数据见表 4-4。

表 4-4　自动照明系统数据流参数

序号	显示项目	技术规范	正常数据
01	ECU 供电电压	点火开关：ON 位置	12V
02	A/L：HS 供电电压	点火开关：ON 位置	4.2～5.7V
03	A/L：前部高度传感器的信号电压	点火开关：ON 位置	0.7～4.1V
04	A/L：后部高度传感器的信号电压	点火开关：ON 位置	0.7～4.1V

(续)

序号	显示项目	技术规范	正常数据
05	A/L：前部高度传感器的初始位置	点火开关：ON 位置	4.2~5.7V
06	A/L：后部高度传感器的初始位置	点火开关：ON 位置	4.2~5.7V
07	A/L：高度传感器初始化状态	未对前照灯自动调平装置-ECU 进行初始化	不工作
		前照灯自动调平装置-ECU 的初始化完成	完成
08	A/L：危险警告灯开关（CAN 输入）	危险警告灯开关：OFF	OFF
		危险警告灯开关：ON	ON
09	前照灯开关（变暗）	前照灯开关：远光位置	OFF
		以上除外的其他情况	ON
10	前照灯开关的位置（CAN 输入）	当转向柱开关（前照灯开关）处于 OFF 位置时	OFF
		当转向柱开关（前照灯开关）处于示廓灯位置时	示廓灯亮
		当转向柱开关（前照灯开关）处于前照灯位置时	ON
		当转向柱开关（前照灯开关）处于于自动灯位置时	AUTO
11	近光前照灯（CAN 输入）	当近光前照灯关闭时	OFF
		当近光前照灯打开时	ON
12	A/L：故障指示灯（CAN 输出）	当未显示前照灯自动调平警告时	OFF
		当显示前照灯自动调平警告时	ON
13	A/L：执行器输出故障标记	当前照灯自动调平电动机的输出电压正常时	OFF
		当前照灯自动调平电动机的输出电压异常时	ON
14	A/L：HS 电源故障标记	当高度传感器的输出电压正常时	OFF
		当高度传感器的输出电压异常时	ON
15	A/L：前部高度传感器的信号故障标记	当前部高度传感器的信号电压正常时	OFF
		当前部高度传感器的信号电压异常时	ON
16	A/L：后部高度传感器的信号故障标记	当后部高度传感器的信号电压正常时	OFF
		当后部高度传感器的信号电压异常时	ON
17	A/L：执行器线路电压	点火开关：ON 位置	12V
18	A/L：执行器的输出电压	点火开关：ON 位置	系统电压的 20%~80%
19	A/L：显示电压比例	点火开关：ON 位置	0%~100%

二、自动照明系统数据流诊断思路

自动照明系统数据流诊断思路如图 4-7 所示。

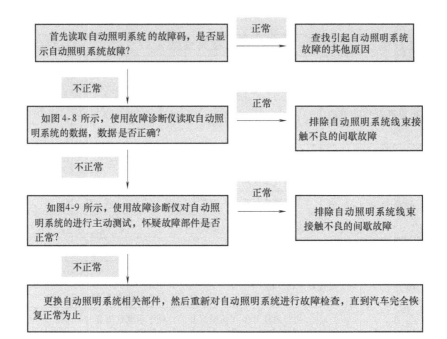

图4-7 自动照明系统数据流诊断思路

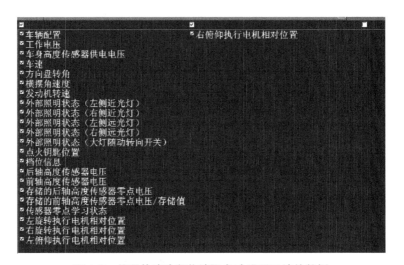

图4-8 使用故障诊断仪读取自动照明系统的数据

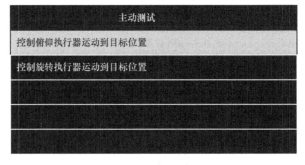

图4-9 使用故障诊断仪对自动照明系统的进行主动测试

三、自动照明系统数据流故障诊断实例

1. 奥迪 A8 自动照明系统故障

【故障现象】

一辆 2006 年款奥迪 A8 6.0L 轿车，行驶里程 20 万 km，车主反映该车仪表板上有显示前照灯随动转向故障。

【故障诊断与排除】

1）首先使用故障诊断仪 VAS5054 进行检测，它显示 2626 右侧动态转角灯控制电动机 - V319 故障（图 4-10）。

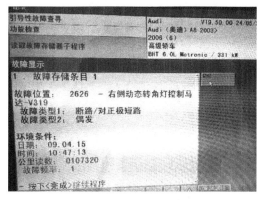

图 4-10 故障信息

2）清除故障码，反复开关点火开关，再次读取故障码，故障码再现，说明是永久性故障。如图 4-11 所示，查阅电路图找到 V319，从电路图上得知 V319 在前照灯内部有个四芯插头 T14/1-T14/4，只要断开这个插头就可以直接测量 V319 是否处于断路/开路状态。

3）拆下右侧前照灯总成后将 T14/1-T14/4 插头断开（图 4-12），然后测量 V319，发现 V319 出现断路状态，由于 V319 不能单独更换，于是决定更换右侧前照灯总成。

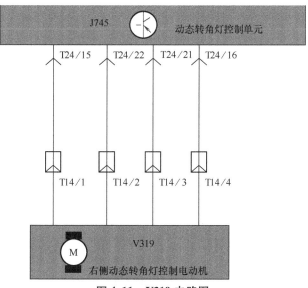

图 4-11 V319 电路图

4）重新更换右侧前照灯总成后重新检查测试（图4-13），自动照明系统恢复正常状态，故障彻底排除。

图4-12　T14/1-T14/4插头

图4-13　自动照明系统恢复正常

2. 全新迈腾前照灯无远光功能

【故障现象】

一辆2012年全新迈腾1.8T轿车，行驶里程15.3万km，车主反映该车前照灯无远光功能。

1）首先用故障诊断仪VAS6150检测无故障记录，进入中央电器控制单元J519做执行元件诊断，此时远光灯点亮。依据此现象可判断为从中央电器控制单元J519到前照灯间无信号故障，故障应在开关到中央电器控制单元J519之间。打开远光灯，连接故障诊断仪VAS6150进入引导性功能，选择转向柱控制单元J527，测量转向开关无远光输出信号。

2）读取正常车辆前照灯开关变光时的输出信号，在打开远光灯开关时，数据发生变化。由此判断故障车转向柱控制单元J527没有收到远光灯开关打开信号，说明该车远光灯开关故障。

3）由于远光灯开关和转向柱控制单元J527为一体，判断转向柱开关总成损坏。于是更换转向柱开关总成，对其进行编码，对G85及J500进行基本设定，故障彻底排除。

第三节　门锁系统数据流

一、门锁系统数据流分析

使用故障诊断仪可以从门锁系统ECU输入数据中读取门锁系统数据流，系统正常时的数据见表4-5。

表4-5　门锁系统数据流参数

序号	显示项目	技术规范	正常数据
01	驾驶人侧车门未关紧开关	打开驾驶人侧车门	ON
		关闭驾驶人侧车门	OFF

(续)

序　号	显 示 项 目	技 术 规 范	正 常 数 据
02	前排乘客侧车门未关紧开关	打开前排乘客侧车门	ON
		关闭前排乘客侧车门	OFF
03	右后车门未关紧开关	打开右后车门	ON
		关闭右后车门	OFF
04	左后车门未关紧开关	打开左后车门	ON
		关闭左后车门	OFF
05	行李箱/行李箱盖未关紧开关	打开行李箱盖	ON
		关闭行李箱盖	OFF
06	发动机舱盖开关	开启发动机舱盖	ON
		关闭发动机舱盖	OFF
07	ACC 开关	点火开关转到"ACC"	ON
		点火开关转到"LOCK"	OFF

二、门锁系统数据流诊断思路

门锁系统数据流诊断思路如图 4-14 所示。

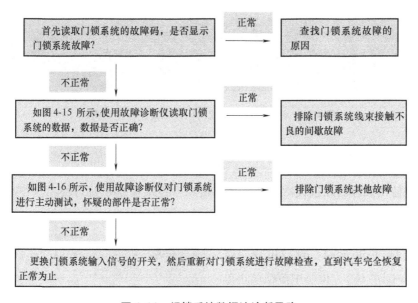

图 4-14　门锁系统数据流诊断思路

三、门锁系统数据流故障诊断实例

1. 迈腾左前门无法锁止

【故障现象】

一辆 2015 年款迈腾 2.0TSI 轿车，行驶里程 6.5 万 km，车主反映该车锁车后，按一下

名称	值	单位
驾驶员门锁止状态	已开锁	
驾驶门状态	打开	
驾驶员车窗状态	无效值	
驾驶员门锁止开关状态	未激活	
驾驶员中控锁开关锁止	未激活	
驾驶员中控锁开关解锁	未激活	
乘客车门锁止状态	已开锁	

图 4-15 使用故障诊断仪读取门锁系统的数据

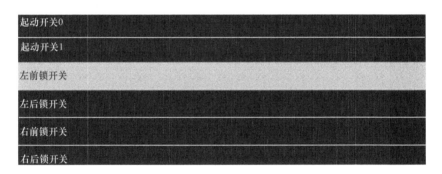

图 4-16 使用故障诊断仪对门锁系统进行主动测试

开锁键，左侧车门打不开，但是其他 3 个门能正常打开。

【故障诊断与排除】

1）首先使用故障诊断仪读取故障信息，显示中控锁锁止单元驾驶人侧-F220 不可靠信号偶尔发生，如图 4-17 所示。

2）使用故障诊断仪读取数据流情况，发现在左前门开启状态时，车门仍显示车门关闭状态（图 4-18），说明中控锁锁止单元驾驶人侧-F220 没有识别到左前门开启状态。检查 F220 单元的线束，没有发现异常情况，于是更换 F220 单元后进行检查，门锁系统恢复正常，故障排除。

2. 奥迪 A6L 右前门及右后门锁均不上锁

【故障现象】

一辆 2011 年款奥迪 A6L 2.4 轿车，行

图 4-17 中控锁锁止单元故障

驶里程 16.5 万 km，车主反映该车右前门及右后门锁均不上锁。

【故障诊断与排除】

1）首先使用故障诊断仪 VAS5052 检测到故障码为 00446 电压不足。由于电压不足，于是检查熔丝盒，发现门锁熔丝损坏，更换后故障排除，但试车后故障再次出现，检查熔丝再次烧毁，说明门锁电路存在短路故障。

2）拆开右后门线束正常，检查右前门线束也正常，于是拆检杂物箱检查线束，发现线束严重磨坏，如图 4-19 所示。

图 4-18　门锁数据流

图 4-19　线束严重磨坏

3）重新将该损坏的线束修复后，门锁恢复正常，故障排除。

第四节　汽车空调数据流与波形

一、汽车空调数据流分析

1. A/C 压缩机驱动请求

A/C 压缩机驱动请求是一个状态参数，其显示内容为 ON 或 OFF，见表 4-6。它表示空调控制单元控制 A/C 驱动请求输入电路状态。参数显示 ON 时表示 A/C 开关已接通，或车身控制单元（BCM）向 A/C 系统控制发出接通控制指令。A/C 压缩机驱动请求仅表示开关已经接通，或空调所有的条件满足时，车身控制单元（BCM）发出驱动 A/C 压缩机的请求信号。

表 4-6　A/C 压缩机驱动请求

显示项目	压缩机工作状态	显示状态
A/C 压缩机驱动请求	压缩机 ON	ON
	压缩机 OFF	OFF

2. 空调开关

空调开关是一个状态参数，其显示内容为 ON 或 OFF，见表 4-7。它表示空调是否打开或关闭的状态。参数显示 ON 时表示空调开关（A/C）已接通；显示 OFF 时表示空调开关

（A/C）关闭。

表4-7 空调开关

显示项目	空调工作状态	显示状态
空调开关	空调开关 ON	ON
	空调开关 OFF	OFF

3. 除雾器开关

除雾器是一个状态参数，其显示内容为 ON 或 OFF，见表4-8。它表示除雾器是否打开或关闭的状态。参数显示 ON 时表示除雾器已接通；显示 OFF 时表示除雾器关闭。

表4-8 除雾器开关

显示项目	除雾器工作状态	显示状态
除雾器开关	除雾器开关 ON	ON
	除雾器开关 OFF	OFF

4. 制冷剂压力传感器

制冷剂压力是一个数值参数，单位为 kPa，其变化范围为 150~3500kPa。制冷剂压力表示空调 ECU 根据高压侧压力传感器送来的信号，计算得出的制冷剂高压侧的压力。当制冷剂压力过高时，制冷剂压力开关断开，显示 OFF；当制冷剂压力正常时，制冷剂压力开关闭合，显示 ON（表4-9）。

表4-9 制冷剂压力传感器

显示项目	制冷剂压力传感器工作状态	显示状态
制冷剂压力传感器	制冷剂压力正常	ON
	制冷剂压力过高	OFF

5. 空调系统风扇请求

空调系统风扇请求是一个数值参数，它的含义是风扇接通的时间占一个工作循环的百分比（0%~100%），它表示风扇的转速。低的百分比反映风扇转速低，高的百分比反映风扇转速高，0% 表示风扇未工作。

6. 车内温度

对于自动空调系统，一般在仪表板上装有一个车内温度传感器，它主要监测车内温度，该参数主要反映车内温度（图4-20）。故障诊断仪读取的车内温度值应与空调液晶显示屏显示的温度值一致，否则说明车内温度传感器存在故障。

7. 车外温度

对于自动空调系统，安装在汽车前方的车外温度传感器，主要监测车外温度，该参数主要反映车外环境温度。故障诊断仪读取的车外温度值

图4-20 车内温度

应与车外温度值一致，否则说明车外温度传感器存在故障。

8. 蒸发器温度

蒸发器温度（有些车型称为通风空气温度，例如雪铁龙赛纳品牌轿车，如图4-21所示）是一个数值参数，单位为℃。该参数由蒸发器温度传感器提供，它将蒸发器温度信号输入到自动空调控制单元，从而来调整自动空调。

9. 左温度选择器

在暖风系统中装有温度选择器，此时可根据需要调节温度，内部有一个温度调节阀。正常时，该阀在由冷到热整个行程中，温度选择器的值应该都在变化，此处参数表示左温度选择器的温度。

图4-21 蒸发器温度

10. 右温度选择器

在暖风系统中装有温度选择器，此时可根据需要调节温度，内部有一个温度调节阀。正常时，该阀在由冷到热整个行程中，温度选择器的值应该都在变化，此处参数表示右温度选择器的温度。

11. 加速空调切断

加速空调切断是一个状态参数，其显示内容为ON或OFF。当汽车急加速到全负荷时，此时空调压缩机被断开，加速空调切断信号显示为ON。不加速或未加速到全负荷时，则显示为OFF。

12. 紧急情况空调切断

当汽车遇到紧急情况时，紧急情况空调切断信号显示为激活，平时汽车正常行驶时该信号显示为未激活。例如，当发动机出现故障处于应急运行状态时，或发动机冷却液温度超过120℃时，均被视为紧急情况。

13. 鼓风机

鼓风机是一个状态参数，其显示内容为ON或OFF。该参数反映鼓风机是否工作的状态。当显示读值为ON时，表示鼓风机处于工作状态；当显示读值为OFF时，表示鼓风机处于非工作状态。

14. 循环空气阀

循环空气阀是一个状态参数，其显示内容为ON或OFF。该参数反映循环空气阀的开关状态。当显示读值为ON时，表示循环空气阀处于打开状态；当显示读值为OFF时，表示循环空气阀处于关闭状态。

15. 照明装置

照明装置是一个状态参数，其显示内容为ON或OFF。该参数反映照明的状态。当显示读值为ON时，表示照明装置处于打开状态；当显示读值为OFF时，表示照明装置处于关闭状态。

16. 吹脚处风门

吹脚处风门是一个状态参数，其显示内容为ON或OFF。该参数反映吹脚处风门的开关状态。当显示读值为ON时，表示吹脚处风门处于打开状态；当显示读值为OFF时，表示吹脚处风门处于关闭状态。

17. 再循环泵

再循环泵是一个状态参数，其显示内容为 ON 或 OFF。该参数反映再循环泵的工作状态。当显示读值为 ON 时，表示再循环泵处于工作状态；当显示读值为 OFF 时，表示再循环泵处于非工作状态。

18. 空调压缩机电磁离合器反馈信号

空调压缩机电磁离合器反馈信号是一个状态参数，其显示内容为 ON 或 OFF。该参数是空调压缩机电磁离合器工作的反馈参数。当显示读值为 ON 时，表示压缩机电磁离合器处于接合状态；当显示读值为 OFF 时，表示压缩机电磁离合器处于断开状态。

在某些车型上同时提供了空调驱动请求信号和空调压缩机电磁离合器两种参数，它们应一同变化（同时为 ON 或 OFF）。除非自动空调控制单元使仪表板的控制无效；在某些车型上，仅提供空调驱动请求信号，而没有空调压缩机电磁离合器反馈信号。

19. 辅助风扇状态

辅助风扇状态是一个状态参数，其显示内容为 ON 或 OFF。该参数反映辅助风扇的工作状态。当显示读值为 ON 时，表示辅助风扇状态处于工作状态；当显示读值为 OFF 时，表示辅助风扇状态处于非工作状态。

20. 停车加热和通风开关

停车加热和通风开关是一个状态参数，其显示内容为"激活"或"未激活"。停车加热和通风开关参数反映停车时由独立供暖系统进行加热与通风。当停车时，加热和通风打开，此时其显示读值为"激活"，否则显示读值为"未激活"。

21. 左除雾器喷口风门执行伺服电动机

左除雾器喷口风门执行器伺服电动机参数反映左除雾执行器伺服电动机的开度，当开度为 0 时，除雾器操作不被执行；当开度为 100% 时，除雾器操作以最大功率进行。

22. 右除雾器喷口风门执行器伺服电动机

右除雾器喷口风门执行器伺服电动机参数反映右除雾执行器伺服电动机的开度，当开度为 0 时，除雾器操作不被执行；当开度为 100% 时，除雾器操作以最大功率进行。

23. 左吹脚风门执行器伺服电动机

左吹脚风门执行器伺服电动机参数反映左吹脚风门执行器伺服电动机的开度。当开度为 0 时，左吹脚风门不吹风；当开度为 100% 时，左吹脚风门风速最大。

24. 右吹脚风门执行器伺服电动机

右吹脚风门执行器伺服电动机参数反映右吹脚风门执行器伺服电动机的开度。当开度为 0 时，右吹脚风门不吹风；当开度为 100% 时，右吹脚风门风速最大。

25. 左中部通风温度调节执行器伺服电动机

左中部通风温度调节执行器伺服电动机参数反映左中部通风的开度，当开度为 0 时，温度调节不被执行；当开度为 100% 时，温度调节程度为最大。

26. 右中部通风温度调节执行器伺服电动机

右中部通风温度调节执行器伺服电动机参数反映右中部通风的开度，当开度为 0 时，温度调节不被执行；当开度为 100% 时，温度调节程度为最大。

27. 新鲜空气和再循环空气调节执行器伺服电动机

新鲜空气和再循环空气调节执行器伺服电动机参数反映新鲜空气和再循环空气调节执行器伺服电动机的开度，当开度为0%时，新鲜空气不能进行循环；当开度为100%时，新鲜空气循环为最大。

28. 左前阳光传感器

左前阳光传感器主要用来探测车室内外阳光照射强度，并根据此参数值调节车内温度，确保能够精确控制车室内温度。左前阳光传感器的读值可以从故障诊断仪中读取。

29. 右前阳光传感器

右前阳光传感器主要用来探测车室内外阳光照射强度，并根据此参数值调节车内温度，确保能够精确控制车室内温度。右前阳光传感器的读值可以从故障诊断仪中读取。

二、汽车空调波形的分析

汽车空调波形的分析主要是读取正常车辆的空调部件波形图，然后对比故障车辆的空调部件波形图，即可诊断出故障。如全自动分区空调的鼓风机集成有单独的控制单元，可自行根据空调控制单元的指令实现转速无级控制，鼓风机不仅接收空调控制单元的无级调速指令，还能实现鼓风机工作状态的反馈信息传输，在诊断时可以使用示波器进行分析。

1）在点火开关接通状态下，鼓风机的调速线（SW/WS线）初始波形（图4-22），与空调开启与否无关，断开点火开关调速线电压降为0V。如果与规定不符合，说明鼓风机控制单元故障。

2）调速线在鼓风机部分全负荷下的波形（图4-23），如果与规定不符合，说明鼓风机控制单元故障。

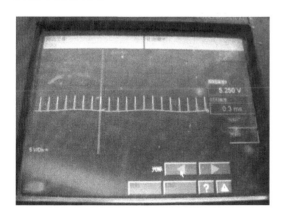

图4-22 鼓风机的调速线初始波形

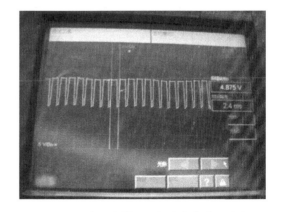

图4-23 调速线在鼓风机部分全负荷下的波形

3）鼓风机工作状态反馈线波形应为规则连续波，如果与规定不符合，说明鼓风机控制单元故障（图4-24）。

三、汽车空调数据流与波形诊断思路

汽车空调数据流与波形诊断思路如图4-25所示。

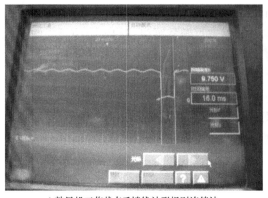 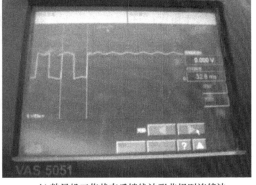

a) 鼓风机工作状态反馈线波形规则连续波　　　　b) 鼓风机工作状态反馈线波形非规则连续波

图 4-24　鼓风机工作状态反馈线波形

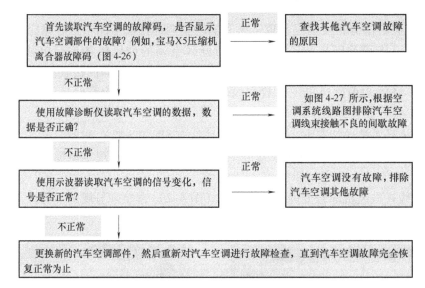

图 4-25　汽车空调数据流与波形诊断思路

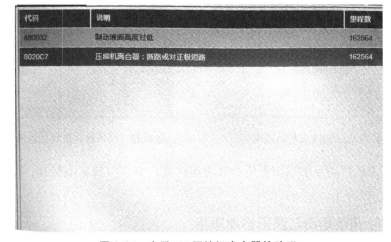

图 4-26　宝马 X5 压缩机离合器故障码

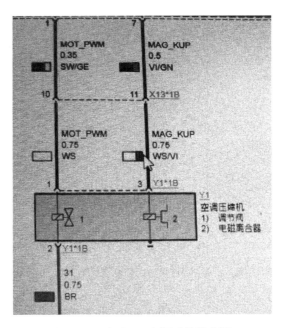

图 4-27 宝马 X5 空调系统线路图

四、汽车空调控制单元（ECU）数值参数与主动测试

1. 汽车空调控制单元（ECU）数值参数

以丰田轿车为例，故障诊断仪的数据数值参数可以在不拆卸任何零件的情况下，读取开关、传感器、执行器和其他项目的值。在故障排除过程中，提早读取数据可以节省诊断时间。首先打开故障诊断仪，然后进入车身/空调/数据表即可进行检查，见表4-10。

表 4-10 丰田轿车空调控制单元（ECU）数值参数

序 号	显 示 项 目	技 术 规 范	正 常 数 据
1	车室温度传感器 （Room Temp）	车室温度传感器/最低： -6.5℃，最高：57.25℃	显示实际车室温度
2	环境温度传感器 （Ambi Temp Sens）	环境温度传感器/最低： -23.3℃，最高：65.95℃	显示实际环境温度
3	调节后的环境温度 （Ambi Temp）	调节后的环境温度/最低： -30.8℃，最高：50.8℃	显示调节后的环境温度
4	蒸发器叶片热敏电阻 （Evap Fin Temp）	蒸发器叶片热敏电阻/最低： -29.7℃，最高59.55℃	显示实际蒸发器温度
5	阳光传感器（驾驶人侧） （Solar Sens-D）	驾驶人侧阳光传感器/最小： 0，最大：255	驾驶人侧阳光传感器值随着亮度的增强而增加
6	阳光传感器（乘客侧） （Solar Sens-P）	乘客侧阳光传感器/最小： 0，最大：255	乘客侧阳光传感器值随着亮度的增强而增加

(续)

序号	显示项目	技术规范	正常数据
7	发动机冷却液温度（Coolant Temp）	发动机冷却液温度/最低：1.3℃，最高：90.55℃	暖机时，显示实际发动机冷却液温度
8	设定温度（驾驶人侧）（Set Temp - D）	驾驶人侧设定温度/最低：18℃，最高：32℃	显示驾驶人侧设定温度
9	设定温度（乘客侧）（Set Temp-P）	乘客侧设定温度/最低：18℃，最高：31℃	显示乘客侧设定温度
10	驾驶人侧预测温度（Estimate Temp-D）	驾驶人侧预测温度/最低：-358.4℃，最高：358.4℃	风档在"MAX. COOL"：-358.4℃，风档在"MAX. HOT"：358.4℃
11	乘客侧预测温度（Estimate Temp-P）	乘客侧预测温度/最低：-358.4℃，最高：358.4℃	风档在"MAX. COOL"：-358.4℃，风档在"MAX. HOT"：358.4℃
12	鼓风机电动机转速等级（Blower Level）	鼓风机电动机转速等级/最小：0级，最大：31级	鼓风机电动机转速在0~31的范围之内提高
13	调节器压力传感器（Reg Press Sens）	调节器压力传感器/最低：-50kPa，最高：3775kPa	显示实际压力
14	调节器控制电流（Reg Ctrl Current）	压缩机可变输出电流/最小：0A，最大0.996A	显示实际压缩机输出电流
15	空气混合伺服机构目标脉冲（D）（Air Mix Pulse-D）	驾驶人侧空气混合伺服电动机目标脉冲/最小：0，最大：255	MAX. COLD：5（脉冲）MAX. HOT：103（脉冲）
16	空气混合伺服机构目标脉冲（P）（Air Mix Pulse-P）	乘客侧空气混合伺服电动机目标脉冲/最小：0，最大255	MAX. COLD：105（脉冲）MAX. HOT：7（脉冲）
17	空气出口伺服机构脉冲（D）（Air Out Pulse-D）	驾驶人侧空气出口伺服电动机目标脉冲/最小：0，最大255	FACE：8（脉冲）B/L：30~38（脉冲）FOOT：50~74（脉冲）FOOT/DEF：80（脉冲）DEF：97（脉冲）
18	进气风口目标脉冲（A/I Damp Targ Pls）	进气风口目标脉冲/最小：0，最大255	再循环7（脉冲）新鲜28（脉冲）
19	空调信号（A/C Signal）	空调信号/ON 或 OFF	ON：空调 ON OFF：空调 OFF
20	空调电磁离合器继电器（A/C Mag Clutch）	空调电磁离合器继电器/ON 或 OFF	ON：空调电磁离合器 ON OFF：空调电磁离合器 OFF

2. 汽车空调主动测试

以丰田轿车为例，使用故障诊断仪主动测试可让继电器、VSV、执行器及其他项目在不拆卸零件的条件下运行。在故障排除过程中，先进行主动测试可以省时间。首先使用故障诊断仪，进入菜单车身/空调/主动测试即可，见表4-11。

表4-11 丰田轿车空调主动测试

序 号	显示项目	测试部件	控制范围
1	鼓风机电动机（Blower Motor）	鼓风机电动机/最小0级，最大31级	鼓风机电动机运行
2	除雾器继电器（后）（Defogger Rly-R）	除雾器继电器（后）/OFF，ON	除雾器继电器（后）OFF→ON→OFF
3	空气混合伺服机构目标脉冲（D）（Air Mix Pulse-D）	驾驶人侧空气混合伺服电动机脉冲/最小0，最多255	驾驶人侧空气混合伺服电动机运行
4	空气混合伺服机构目标脉冲（P）（Air Mix Pulse-P）	乘客侧空气混合伺服电动机脉冲/最小：0，最大：255	乘客侧空气混合伺服电动机运行
5	空气出口伺服机构脉冲（D）（Air Out Pulse-D）	驾驶人侧空气出口伺服电动机脉冲/最小0，最大255	驾驶人侧空气出口伺服电动机运行
6	进气风口目标脉冲（A/I Damp Targ Pls）	进气空气混合伺服电动机/最小：0，最大255	进气空气混合伺服电动机运行
7	空调电磁离合器（Control the A/C Magnet Clutch）	电磁离合器继电器/ON 或 OFF	电磁离合器继电器 OFF→ON→OFF

五、汽车空调数据流与波形故障诊断实例

1. 全新速腾空调无法制冷

【故障现象】

一辆2016年款全新速腾2.0T轿车，行驶里程3.1万km，车主反映该车空调无法制冷。

【故障诊断与排除】

1）首先使用VAS 5052A故障诊断仪检测，显示车外温度传感器故障（静态），而且无法清除故障码。

2）在检查时发现车外温度传感器的一根导线已经断开，将导线接好后用VAS 5052A清除故障码，打开空调，空调也无法制冷。

3）使用歧管压力表测试系统压力均正常。于是使用VAS 5052A读取压缩机的状态，它显示压缩机断开（图4-28）。

4）进入空调系统读取测量值，压缩机关闭原因为车外温度传感器过低，但此时外部温度显示为33.5℃，说明可能是空调控制单元J288或车外温度传感器G17存在故障。

图4-28 压缩机断开故障

5）使用良好的车外温度传感器G17进行替换检查，空调制冷正常，说明原来的车外温度传感器G17存在故障。重新更换新的车外温度传感器后故障彻底排除。

2. 上海大众朗逸轿车空调无法制冷

【故障现象】

一辆2013年款上海大众朗逸1.6L轿车，行驶里程13.2万km，车主反映该车空调无法制冷。

【故障诊断与排除】

1）首先按下A/C开关，A/C指示灯点亮，目测空调压缩机离合器没有吸合，说明压缩

机没有工作。

2）连接歧管压力表测量空调压力，压力显示为700kPa，说明管路中的制冷剂没有泄漏。

3）连接故障诊断仪VAS5051进行检查，没有发现任何故障码。读取空调系统数据流，发现发动机控制单元已经接收到A/C开关的请求信号，并允许空调压缩机工作（图4-29），但压缩机实际上并没有吸合，说明压缩机离合器控制线路故障。

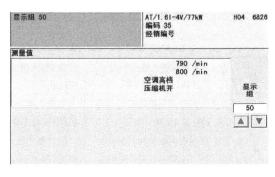

图4-29 正常的数据流

4）检查压缩机的控制电路，当触摸到空调继电器时感觉特别烫手，说明空调继电器存在异常情况，更换空调继电器后空调恢复正常，故障排除。

3. 大众迈腾空调不制冷

【故障现象】

一辆2015年款大众迈腾1.8T轿车，行驶里程13.2万km，车主反映该车空调无法制冷。

【故障诊断与排除】

1）首先打开A/C开关，空调无冷风吹出，于是用VAG5051检测无故障存储，读取压缩机的数据流，发现压缩机有0.820A的工作电流（图4-30），说明压缩机控制线路是正常状态。

2）使用示波器读取压缩机调节电磁阀N280的波形（图4-31），发现压缩机调节电磁阀N280电控信号正常，说明压缩机可能有内部机械机构故障。

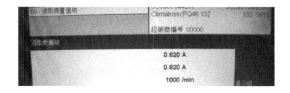

图4-30 压缩机数据显示

图4-31 压缩机调节电磁阀N280的波形

3）更换压缩机，然后重新加注制冷剂，空调系统恢复正常，故障彻底排除。

4. 奥迪A6L空调中间出风口不出风

【故障现象】

一辆2011年款奥迪A6L 2.4T轿车，行驶里程15.28万km，车主反映该车空调中间出风口不出风。

【故障诊断与排除】

1）首先使用故障诊断仪VAG5051检测空调系统无故障存储，对空调系统执行元件测试，冷空气翻板伺服电动机 V197 和中央出风口翻板电动机 V102 工作正常，怀疑出风口翻板电动机执行位置错误，引起误动作或无动作。于是重新执行空调控制单元基本设定，操作空调面板，改变出风口位置后，中央出风口翻板电动机有动作，但是在驱动时翻板电动机动作不平顺，运动卡滞，来回测试几次后翻板电动机又恢复到故障状态，不再动作，怀疑冷空气翻板伺服电动机 V197 和中央出风口翻板电动机 V102 内部有时卡滞，于是更换冷空气翻板伺服电动机 V197 和中央出风口翻板电动机 V102，但故障依旧。

2) 如图 4-32 所示，读取空调控制单元测量值块 16，空调控制单元供电和供驱动电动机电压均正常，用万用表测量驱动翻板电动机处电压符合标准。

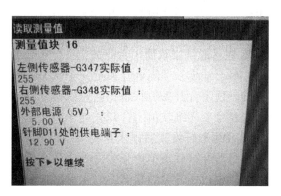

图 4-32　空调控制单元测量值块 16

3) 空调控制单元与执行元件均无问题，初步认为是传感器信号故障，于是读取空调控制单元测量值块 17（图 4-33），发现中央出风口温度传感器 G191 无读数。

4) 如图 4-34 所示，拔掉中央出风口温度传感器插头后，中央出风口调节到打开状态，可以受空调控制面板控制打开和关闭，说明中央出风口温度传感器故障

5) 重新更换中央出风口温度传感器后，故障彻底排除。

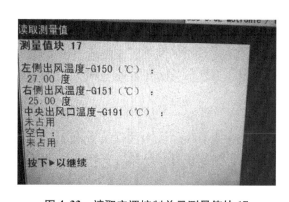

图 4-33　读取空调控制单元测量值块 17

图 4-34　拔掉中央出风口温度传感器插头

第五节　汽车电器其他系统数据流

一、汽车电器其他系统数据流分析

1. 右软顶舱盖锁止开关

右软顶舱盖锁止开关是一个状态参数，其显示内容为 ON 或 OFF。该参数是反映右软顶舱盖是否处于锁止状态，当其处于锁止状态时，显示读值为 ON，此状态下右软顶舱盖不能

打开；当锁止状态解除后，该值显示 OFF。

2. 软顶舱打开开关

软顶舱打开开关是一个状态参数，其显示内容为 ON 或 OFF。该参数是反映软顶舱是否处于打开状态，当软顶舱打开开关显示 ON 时，软顶舱可以打开；当软顶舱打开开关显示 OFF 时，软顶舱不能打开。

3. 左弓形纤维软顶闭合开关

左弓形纤维软顶闭合开关是一个状态参数，其显示内容为 ON 或 OFF。该参数反映左弓形纤维软顶闭合开关的状态，当左弓形纤维软顶闭合开关处于 ON 位置时，软顶可以进行闭合；当左弓形纤维软顶闭合开关处于 OFF 位置时，软顶不可以闭合。

4. 左弓形纤维软顶锁止开关

左弓形纤维软顶锁止开关是一个状态参数，其显示内容为 ON 或 OFF。该参数反映左弓形纤维软顶锁止开关的状态，当左弓形纤维软顶锁止开关处于 ON 位置时，软顶处于锁止状态；当左弓形纤维软顶锁止开关处于 OFF 位置时，软顶锁止状态解除。

5. 右弓形纤维软顶锁止开关

右弓形纤维软顶锁止开关是一个状态参数，其显示内容为 ON 或 OFF。该参数反映右弓形纤维软顶锁止开关的状态，当右弓形纤维软顶锁止开关处于 ON 位置时，软顶处于锁止状态；当右弓形纤维软顶锁止开关处于 OFF 位置时，软顶锁止状态解除。

6. 弓形纤维软顶升高开关

弓形纤维软顶升高开关是一个状态参数，其显示内容为 ON 或 OFF。该参数反映弓形纤维软顶是否可以升高，当弓形纤维软顶升高开关处于 ON 位置时，软顶可以进行升高操作；当弓形纤维软顶升高开关处于 OFF 位置时，软顶不能进行升高操作。

7. 软顶关闭开关

软顶关闭开关是一个状态参数，其显示内容为 ON 或 OFF。该参数反映软顶是否可以关闭，当软顶关闭开关处于 ON 位置时，软顶可以关闭；当软顶关闭开关处于 OFF 位置时，软顶不能关闭。

8. 软顶打开开关

软顶打开开关是一个状态参数，其显示内容为 ON 或 OFF。该参数反映软顶是否可以打开，当软顶打开开关处于 ON 位置时，软顶可以打开；当软顶打开开关处于 OFF 位置时，软顶不能打开。

9. 左前软顶锁止开关

左前软顶锁止开关是一个状态参数，其显示内容为 ON 或 OFF。该参数反映左前软顶锁止开关的状态，当左前软顶锁止开关处于 ON 位置时，软顶处于锁止状态；当左前软顶锁止开关处于 OFF 位置时，软顶锁止状态解除。

10. 右前软顶锁止开关

右前软顶锁止开关是一个状态参数，其显示内容为 ON 或 OFF。该参数反映右前软顶锁止开关的状态，当右前软顶锁止开关处于 ON 位置时，软顶处于锁止状态；当右前软顶锁止开关处于 OFF 位置时，软顶锁止状态解除。

11. 软顶储存舱灯

软顶储存舱灯是一个状态参数，其显示内容为 ON 或 OFF。该参数反映软顶储存舱灯的状态，当软顶储存舱灯点亮时，显示读值为 ON；当软顶储存舱灯熄灭时，显示读值为 OFF。

12. 左座椅安全带扣

左座椅安全带扣是一个状态参数，其显示内容为已扣上或未扣上。该参数反映左座椅安全带扣的状态，当左座椅安全带扣已扣上时，显示已扣上；当左座椅安全带扣未扣上时，显示未扣上。有些车型则通过安全带指示灯来显示安全带是否系好。

13. 右座椅安全带扣

右座椅安全带扣是一个状态参数，其显示内容为已扣上或未扣上。该参数反映右座椅安全带扣的状态，当右座椅安全带扣已扣上时，显示已扣上；当右座椅安全带扣未扣上时，显示未扣上。

14. 左座椅旋钮式微调开关

左座椅旋钮式微调开关是一个状态参数，其显示内容为 ON 或 OFF。该参数反映左座椅旋钮式微调开关的状态，当左座椅旋钮式微调开关处于 ON 位置时，左座椅可调；当左座椅旋钮式微调开关处于 OFF 位置时，左座椅不可调。

15. 右座椅旋钮式微调开关

右座椅旋钮式微调开关是一个状态参数，其显示内容为 ON 或 OFF。该参数反映右座椅旋钮式微调开关的状态，当右座椅旋钮式微调开关处于 ON 位置时，右座椅可调；当右座椅旋钮式微调开关处于 OFF 位置时，右座椅不可调。

16. 左电动窗开关

左电动窗开关是一个状态参数，其显示内容为 ON 或 OFF。该参数反映左电动窗开关的状态，当左电动窗开关处于 ON 位置时，左电动窗可以进行升降操作；当左电动窗开关处于 OFF 位置时，左电动窗不可以进行升降操作。

17. 右电动窗开关

右电动窗开关是一个状态参数，其显示内容为 ON 或 OFF。该参数反映右电动窗开关的状态，当右电动窗开关处于 ON 位置时，右电动窗可以进行升降操作；当右电动窗开关处于 OFF 位置时，右电动窗不可以进行升降操作。

18. 安全带卷缩锁止

安全带卷缩锁止是一个状态参数，其显示内容为 YES 或 NO。该参数反映安全带卷缩锁止的状态，当安全带处于卷缩锁止状态时，读值显示 YES，否则显示读值为 NO。

19. 翻车保护杆故障灯

翻车保护杆故障灯是一个状态参数，其显示内容为 ON 或 OFF。该参数反映翻车保护杆故障灯的状态，当翻车保护杆有故障时该灯点亮，显示读值为 ON；当翻车保护杆无故障时该灯熄灭，显示读值为 OFF。

20. 报警蜂鸣器

报警蜂鸣器是一个状态参数，其显示内容为 ON 或 OFF。该参数反映报警蜂鸣器的状态，当报警蜂鸣器被触发时，开始报警，同时显示读值为 ON；当报警蜂鸣器未被触发时，显示读值为 OFF。

二、汽车电器其他系统数据流诊断思路

汽车电器其他系统数据流诊断思路如图 4-35 所示。

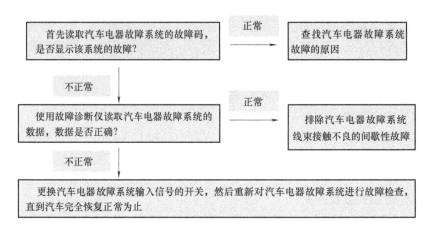

图 4-35 汽车电器其他系统数据流诊断思路

三、汽车电器其他系统数据流故障诊断实例

1. 上汽斯柯达明锐左后车窗玻璃不能升降

【故障现象】

一辆 2012 年款上汽斯柯达明锐 1.6L 轿车，行驶里程 16.2 万 km，车主反映该车左后车窗玻璃不能升降。

【故障诊断与排除】

1）首先使用故障诊断仪读取故障码没有任何显示，于是操作左后车窗开关，读取左后车窗玻璃的升降信号，发现左后车窗开关显示"未启用"，说明左后车窗开关存在故障。

2）重新更换左后车窗开关，如图 4-36 所示。

3）如图 4-37 所示，操作左后车窗开关，左后车窗玻璃升降正常，故障排除。

图 4-36 更换左后车窗开关　　　　图 4-37 操作左后车窗开关

2. 东风本田思铂睿左侧座椅安全带扣开关线路故障

【故障现象】

一辆 2012 年款东风本田思铂睿 2.4L 轿车，行驶里程 16.2 万 km，车主反映该车将安全

带扣扣好后，**SRS** 故障指示灯一直点亮，将安全带扣解掉后故障指示灯也不再熄灭。

【故障诊断与排除】

1）根据故障现象初步认为左侧座椅安全带扣开关或者相关的线路存在断路、短路或接触不良的故障。于是使用 HDS 故障诊断仪读取故障码，没有出现任何故障码，然后读取左侧座椅安全带扣开关的打开或关闭情况，发现左侧座椅安全带扣开关一直处于打开状态，说明安全带扣开关或线路故障。

2）如图 4-38 所示，查找左侧座椅安全带扣开关线路图，并对其线路进行检查。将点火开关关闭，并断开左侧座椅安全带扣开关 2P 插头，使用万用表对左侧座椅安全带扣开关进行测试。当扣上左侧座椅安全带时，检查 1 号和 2 号端子的电阻为 1Ω，为正常；当解开左侧座椅安全带时，检查 1 号和 2 号端子为断路，说明左侧座椅安全带扣开关没有故障。

3）检测 2 号端子与车身搭铁之间的线路，发现有断路的异常情况。根据电路图查找到 G701 为安全带扣开关线路搭铁点，拆开地板线束，发现地板下面 G701 搭铁点有松动，重新将 G701 搭铁点的螺栓进行紧固后，SRS 故障指示灯恢复正常，故障彻底排除。

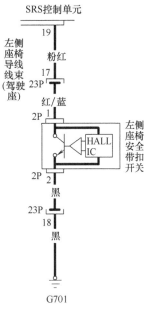

图 4-38 左侧座椅安全带扣开关线路图

第六节 车身控制单元（BCM）数值参数诊断

一、马自达轿车车身控制单元（BCM）数值参数

马自达轿车车身控制单元（BCM）中参数及其变化范围，见表 4-12。

表 4-12 马自达轿车车身控制单元（BCM）数值参

序号	显示项目	技术规范	正常数据
1	制动液液位传感器开关	正常/低	制动液液位高于 MIN：正常
			制动液液位低于 MIN：低
2	车门闩锁开关（驾驶人侧）	开启/关闭	驾驶人侧车门打开：开启
			驾驶人侧车门关闭：关闭
3	车门闩锁开关（乘客侧）	开启/关闭	乘客侧车门打开：开启
			乘客侧车门关闭：关闭
4	门锁联动开关（驾驶人侧）	锁定/关闭	驾驶人侧车门锁定：锁住
			驾驶人侧车门解锁：关闭
5	门锁联动开关（乘客侧）	锁定/关闭	乘客侧车门锁定：锁住
			乘客侧车门解锁：关闭

(续)

序号	显示项目	技术规范	正常数据
6	门锁执行器	锁定/关闭	驾驶人侧车门锁定：锁住
			驾驶人侧车门解锁：关闭
7	后雾灯开关	启动/关闭	后雾灯开关开启：打开
			后雾灯开关关闭：关闭
8	危险警告灯开关	启动/关闭	危险警告灯开关开启：打开
			危险警告灯开关关闭：关闭
9	前照灯开关	启动/关闭	在 HI 位置的前照灯开关：打开
			不在 HI 位置的前照灯开关：关闭
10	发动机舱盖锁扣开关	开启/关闭	发动机舱盖打开：开启
			发动机舱盖关闭：关闭
11	车门锁芯开关	锁定/解锁	车门锁芯在 LOCK 位置：锁定
			车门锁芯不在 LOCK 位置：解锁
12	驻车制动器开关	启动/关闭	踩下驻车制动器（驻车制动开关处于 ON 档）：打开
			未踩下驻车制动器（驻车制动开关处于 OFF 档）：关闭
13	转向灯开关（左转向灯）	启动/关闭	转向灯开关位于左位置：打开
			转向灯开关在 OFF 位置：关闭
14	转向灯开关（右转向灯）	启动/关闭	转向灯开关位于右位置：打开
			转向灯开关在 OFF 位置：关闭
15	前风窗玻璃洗涤器开关	启动/关闭	前风窗玻璃洗涤器开关开启：打开
			前风窗玻璃洗涤器开关关闭：关闭
16	后风窗玻璃洗涤器开关	启动/关闭	后风窗玻璃洗涤器开关开启：打开
			后风窗玻璃洗涤器开关关闭：关闭
17	前风窗玻璃刮水器开关	启动/关闭	前风窗玻璃刮水器开关位于 INT 位置：打开
			前风窗玻璃刮水器开关不在 INT 位置：关闭
18	前风窗玻璃刮水器开关	启动/关闭	前风窗玻璃刮水器开关位于高位置：打开
			前风窗玻璃刮水器开关不在高位置：关闭
19	前风窗玻璃刮水器开关	启动/关闭	前风窗玻璃刮水器开关位于低位置：打开
			前风窗玻璃刮水器开关不在低位置：关闭
20	后风窗玻璃刮水器开关	启动/关闭	后风窗玻璃刮水器开关位于 ON 位置：打开
			后风窗玻璃刮水器开关位于 OFF 位置：关闭

二、北京现代轿车车身控制单元（BCM）数值参数

1. 当前数据流

根据 BCM 当前的输入/输出数值，"当前数据流"，它提供电源、转向信号/制动灯、前照灯、车门、门锁、室外后视镜、刮水器、自动照明和遥控器等的 BCM 输入/输出状态信息等。北京现代轿车车身控制单元（BCM）中参数及其变化范围，见表 4-13。

表4-13 北京现代轿车车身控制单元（BCM）数值参数

序号	显示项目	技术规范	正常数据
1	点火开关	ON/OFF	点火开关ACC位置：ON 点火开关不在ACC位置：OFF
2	尾灯开关	ON/OFF	尾灯开关打开：ON 尾灯开关关闭：OFF
3	前照灯开关	ON/OFF	前照灯开关打开：ON 前照灯开关关闭：OFF
4	自动照明灯开关	ON/OFF	自动照明灯开关打开：ON 自动照明灯开关关闭：OFF
5	前照灯远光开关	ON/OFF	前照灯远光开关打开：ON 前照灯远光开关关闭：OFF
6	前雾灯开关	ON/OFF	前雾灯开关打开：ON 前雾灯开关关闭：OFF
7	喷水器开关	ON/OFF	喷水器开关打开：ON 喷水器开关关闭：OFF
8	刮水器间歇开关	ON/OFF	刮水器间歇开关打开：ON 刮水器间歇开关关闭：OFF
9	除雾开关	ON/OFF	除雾开关打开：ON 除雾开关关闭：OFF
10	制动灯开关	ON/OFF	踩下制动踏板：ON 松开制动踏板：OFF
11	室内灯输出	ON/OFF	室内灯打开：ON 室内灯关闭：OFF
12	脚灯输出	ON/OFF	脚灯打开：ON 脚灯关闭：OFF
13	安全气囊指示灯	ON/OFF	安全气囊系统故障：ON 安全气囊系统正常：OFF
14	前排乘客安全带警告灯	ON/OFF	未系安全带：ON 系好安全带：OFF
15	导航激活信号	激活/未激活	激活：ON 未激活：OFF
16	碰撞输入信号	ON/OFF	有碰撞信号：ON 无碰撞信号：OFF
17	钥匙互锁电磁阀	ON/OFF	钥匙互锁电磁阀工作：ON 钥匙互锁电磁阀未工作：OFF
18	蓄电池电压监测输入	蓄电池电压	显示实际蓄电池电压
19	左后座椅加热器开关	ON/OFF	左后座椅加热器开关打开：ON 左后座椅加热器开关关闭：OFF

(续)

序号	显 示 项 目	技 术 规 范	正 常 数 据
20	左后座椅加热器信号	ON/OFF	左后座椅加热器信号输出：ON
			左后座椅加热器信号未输出：OFF
21	右后座椅加热器开关	ON/OFF	右后座椅加热器开关打开：ON
			右后座椅加热器开关关闭：OFF
22	右后座椅加热器信号	ON/OFF	右后座椅加热器信号输出：ON
			右后座椅加热器信号未输出：OFF
23	巡航主指示灯	ON/OFF	巡航系统工作：ON
			巡航系统未工作：OFF
24	前雾灯指示灯	ON/OFF	前雾灯工作：ON
			前雾灯未工作：OFF
25	远光灯指示灯	ON/OFF	远光灯工作：ON
			远光灯未工作：OFF
26	车门开启警告灯	ON/OFF	任何一个车门打开：ON
			车门全部关闭：OFF

2. 驱动测试

在 BCM 输入项上还可以执行强制操作，首先选择"执行器驱动测试"，然后在"测试项目"中选择所要测试的项目即可，如图 4-39 所示。

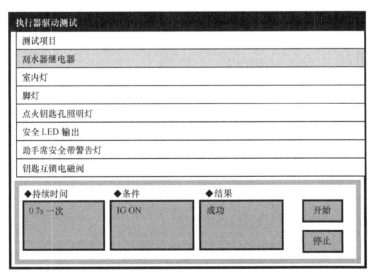

图 4-39　驱动测试界面

三、长城哈弗轿车车身控制单元（BCM）数值参数

1. BCM 数值

以 X-431 故障诊断仪为例，车身控制单元（BCM）数值的显示参数如图 4-40 ~ 图 4-47

所示。通过读取相应的数据流，可以知道各个电器部件现在的状态，从而帮助判断故障。

图 4-40　车身控制器系统界面

图 4-41　读取数据流界面

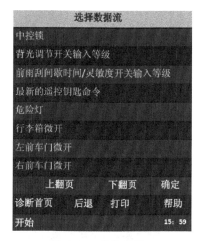

图 4-42　数值参数 1

图 4-43　数值参数 2

图 4-44　数值参数 3

图 4-45　数值参数 4

图 4-46 数值参数 5

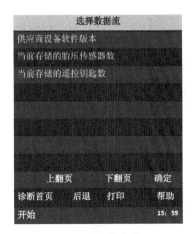

图 4-47 数值参数 6

2. 动作测试

出现故障后，可以通过动作测试判断部件或是线路是否存在问题，从而可以快速解决问题。动作测试过程，如图 4-48 ~ 图 4-51 所示。

图 4-48 动作测试界面

图 4-49 动作测试项目 1

图 4-50 动作测试项目 2

图 4-51 动作测试项目 3

四、通用轿车车身控制单元（BCM）数值参数

通用轿车车身控制单元（BCM）参数的含义及其变化范围，见表4-14。

表4-14　通用轿车车身控制单元（BCM）参数

序号	显示项目	解　析	典型数据值
1	附件指示灯指令	故障诊断仪显示附件指示灯的状态，显示 ON/OFF（接通/关闭）	OFF（关闭）
2	附件继电器指令	故障诊断仪显示附件输出的状态，显示 ON/OFF（接通/断开）	ON（接通）
3	附件电源	故障诊断仪显示附件电源继电器的状态，显示 ON/OFF（接通/断开）	ON（接通）
4	蓄电池电压信号	故障诊断仪显示 0.0～16.0V	12.8V
5	制动器接合传感器参考电压信号	故障诊断仪显示制动器接合传感器读取的电压，单位为V	5V
6	当前电源模式	故障诊断仪显示当前电源模式，包括 OFF/Accessory/Run/Crank Request（关闭/附件/运行/起动请求）	Run（运行）
7	怠速提高级别	故障诊断仪显示怠速提高级别，单位 %	变化值
8	点火模式开关	故障诊断仪显示从点火模式开关读取的电压和状态信息，包括 Idle，ACC/OFF，Crank（怠速、附件/关闭、起动）	Idle（怠速）
9	点火模式开关变光指令	故障诊断仪显示点火模式开关变光状态，显示 ON/OFF（接通/关闭）	ON（接通）
10	意外电源指令	故障诊断仪指示意外电源指令的状态，显示 ON/OFF（接通/关闭）	OFF（关闭）
11	意外电源信号	故障诊断仪显示意外电源信号的状态，显示 Active/Inactive（起动/未起动）	Active（启动）
12	钥匙插入锁芯开关	故障诊断仪显示钥匙是否插入行李箱锁芯开关，显示 Active/Inactive（起动/未起动）	Inactive（未启动）
13	关闭指示灯指令	故障诊断仪显示"关闭"指示灯的状态，显示 ON/OFF（接通/关闭）	OFF（关闭）
14	运行/起动继电器指令	故障诊断仪显示模块是否在控制运行/起动继电器，显示 ON/OFF（接通/断开）	ON（接通）
15	运行/起动继电器状态	故障诊断仪显示运行/起动继电器的状态，显示 ON/OFF（接通/断开）	OFF（断开）
16	起动指示灯指令	故障诊断仪显示起动指示灯的状态，显示 ON/OFF（接通/关闭）	ON（接通）
17	洗涤器液面状态	故障诊断仪显示洗涤器储液罐液面的状态，显示 YES（正常）/NO（不正常）	YES（正常）

（续）

序号	显示项目	解析	典型数据值
18	制动液液面状态	故障诊断仪显示制动液液面位置状态，显示 YES（正常）/NO（不正常）	YES（正常）
19	前照灯工作状态	故障诊断仪显示前照灯灯泡损坏或工作不正常，显示 YES（正常）/NO（不正常）	YES（正常）
20	制动灯工作状态	故障诊断仪显示制动灯灯泡损坏或工作不正常，显示 YES（正常）/NO（不正常）	YES（正常）
21	尾灯工作状态	故障诊断仪显示尾灯灯泡损坏或工作不正常，显示 YES（正常）/NO（不正常）	YES（正常）
22	自动灯光开关	故障诊断仪显示自动灯光开关的状态，显示 ON/OFF（接通/断开）	ON（接通）
23	自动灯光继电器	故障诊断仪显示 BCM 对自动灯光继电器电路的控制指令，显示 ON/OFF（接通/断开）	ON（接通）
24	自动灯光延时	故障诊断仪显示自动灯光保持延长的时间，显示 0（最小延时）~100%（最大延时）	100%（最大延时）
25	光敏传感器	故障诊断仪显示外界光亮度的程度，显示 0（白天光亮）~100%（黑天光亮）	0（白天光亮）
26	仪表灯亮度	故障诊断仪显示仪表照明灯亮度，显示 0（最暗）~100%（最亮）	100%（最亮）

第五章 汽车电源系统数据流与波形的分析及故障诊断

第一节 蓄电池控制系统数据流与波形的分析

一、蓄电池控制系统数据流分析

1. 数据流参数

以宝马蓄电池控制系统为例,发动机控制单元(DME)对蓄电池的监控主要是利用智能型蓄电池传感器(IBS),如图5-1所示。IBS由机械元件、硬件和软件构成,其机械部分由蓄电池接线柱和连接蓄电池负极的搭铁导线组成(图5-2)。通过智能型蓄电池传感器(IBS)可以准确测定蓄电池的充电状态(SOC)和健康状态(SOH)。IBS可以检测蓄电池接线柱电压、蓄电池充电/放电电流、蓄电池电解液温度等信息(表5-1),这些信息提供给发动机控制单元(DME)内的电源管理系统。

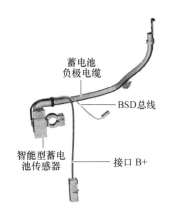

图5-1 智能型蓄电池传感器

图5-2 IBS结构

1—测量分流器 2—接线柱 3—垫片 4—螺栓 5—智能型蓄电池传感器

表5-1 IBS数据的测量范围

项 目	测量范围
电压	6~16.5V
电流	-200~200A
休眠电流	0~1000A

(续)

项　　目	测量范围
起动电流	0～1000A
温度	-40～105℃

2. 数据流分析

一般汽车的发动机控制系统没有专门的传感器测量蓄电池电压，但是它可以通过某些电源提供电路中的参数计算出蓄电池电压。蓄电池的电压可以通过诊断仪进行读取，一般显示为8～16V，它表示发电机控制单元所测的系统电压。

如图5-3所示，宝马品牌轿车蓄电池数据流则可以通过蓄电池传感器来监测蓄电池的电压、电流、温度和充电状态等，有利于维修人员准确地判断蓄电池工作状态，从而快速地排除蓄电池故障。

二、蓄电池控制系统波形分析

1）将示波器按照规定接到蓄电池正负极上。

2）在示波器上显示出一条等于蓄电池电压幅值的直线。当用电器工作时，如起动机起动需要较大的电流，蓄电池波形将会产生一定幅度的变化，然后保持水平直线，如图5-4所示。

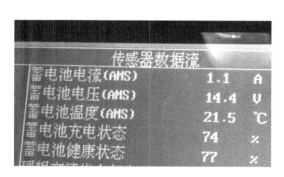

图5-3　蓄电池的数据流

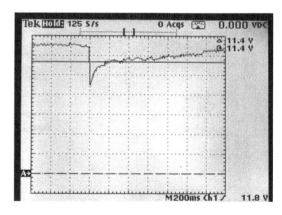

图5-4　蓄电池波形

三、蓄电池控制系统数据流与波形诊断思路

蓄电池控制系统数据流与波形诊断思路如图5-5所示。

四、蓄电池控制系统数据流与波形故障诊断实例

1. 广州本田雅阁蓄电池故障

【故障现象】

一辆2012年款广州本田雅阁2.4L轿车，行驶里程13.9万km，车主反映该车起动困难。

第五章 汽车电源系统数据流与波形的分析及故障诊断

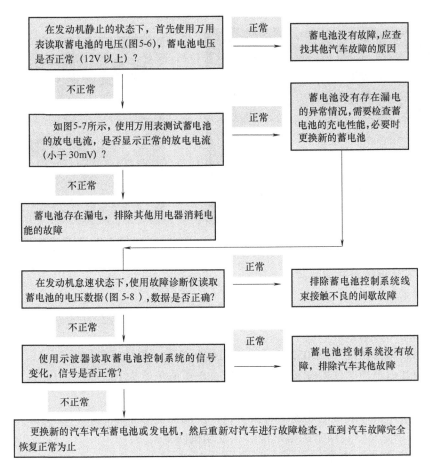

图 5-5 蓄电池控制系统数据流与波形诊断思路

图 5-6 使用万用表读取蓄电池的电压

图 5-7 使用万用表测试蓄电池的放电电流

【故障诊断与排除】

1）使用 HDS 本田专用故障诊断仪检查，故障诊断仪显示无故障码

2）使用智能蓄电池检测仪读取蓄电池的数据，发现蓄电池电压过低（图 5-9），正常应为 12V，否则会引起发动机起动困难故障。

3）建议车主重新更换新的蓄电池，然后起动发动机，一切正常，故障排除。

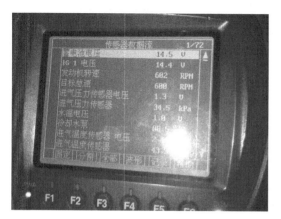

图 5-8　使用故障诊断仪读取蓄电池的电压数据

图 5-9　测量蓄电池电压

2. 一汽大众速腾蓄电池故障

【故障现象】

一辆 2012 年款一汽大众速腾 1.8TSI 轿车，车主反映该车熄火后发动机无法起动。

【故障诊断与排除】

1）使用故障诊断仪 VAS5052 检查发动机控制单元，无故障码存储。

2）使用蓄电池检测仪检查蓄电池的电压，电压值虽然为 12.55V，但还是出现"请更换电池"的建议，如图 5-10 所示。

3）决定使用良好的蓄电池进行跨接检查，发动机能够正常起动，说明原来的蓄电池确实存在故障，于是重新更换新的蓄电池后，发动机恢复正常。

3. 宝马 X5 蓄电池故障

【故障现象】

一辆 2014 年款宝马 X5 3.0T 轿车，车主反映该车熄火后发动机起动困难。

【故障诊断与排除】

1）使用宝马故障诊断仪检查发动机故障码，显示"S0398 动力管理，蓄电池状态：蓄电池损坏或老化；193001 燃油油位传感器，左侧，电气：对正极短路；193101 燃油油位传感器，右侧，电气：对正极短路"等故障码存储，如图 5-11 所示。于是清除故障码后重新

图 5-10　蓄电池故障数据

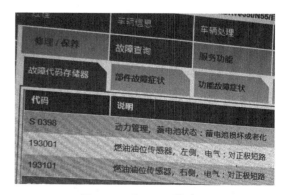

图 5-11　宝马 X5 故障码

读取发动机故障码,依旧显示"S0398 动力管理,蓄电池状态:蓄电池损坏或老化",初步判断蓄电池已经老化了。

2)使用蓄电池检测仪对蓄电池进一步检查,发现依旧显示蓄电池故障,重新更换新的蓄电池,然后起动发动机,发动机一切正常,故障彻底排除。

第二节　交流发电机数据流与波形故障诊断

一、交流发电机数据流分析

交流发电机数据是一个数值参数,它表示交流发电机输出的电压数值,其变化范围为 13.5~14.5V,单位为V。大部分汽车交流发电机的电压为 14.5V,如果电压过高一般是电压调节器出现故障。交流发电机数据流可以通过故障诊断仪读取(图5-12),也可以通过万用表进行测量。

二、交流发电机波形分析

1)连接示波器的特别波形传感器到交流发电机的"B"端子,如图5-13所示。

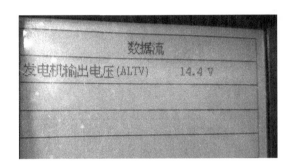

图5-12　交流发电机数据流

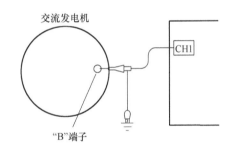

图5-13　连接示波器

2)交流发电机标准波形,如图5-14所示。如果所测的交流发电机波形与规定不符合,则应参照表5-2进行诊断检修。

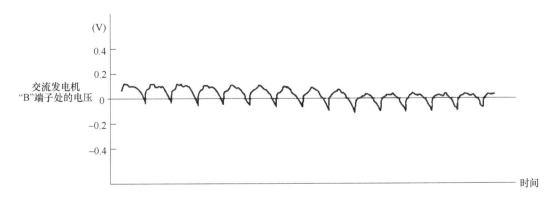

图5-14　交流发电机标准波形

表 5-2 交流发电机异常波形

异常波形状态	故障原因
	交流发电机内部的二极管断路
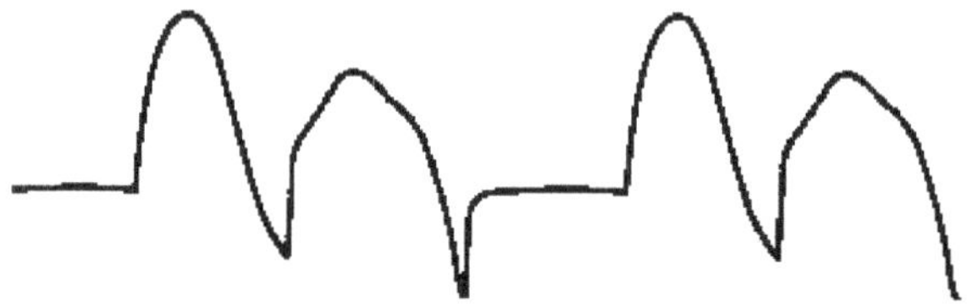	交流发电机内部的二极管短路
	交流发电机内部的定子线圈断线
	交流发电机内部的定子线圈短路

三、交流发电机数据流与波形诊断思路

交流发电机数据流与波形诊断思路如图 5-15 所示。

四、交流发电机数据流与波形故障诊断实例

1. 一汽大众速腾发电机故障

【故障现象】

一辆 2012 年款一汽大众速腾 1.8TSI 轿车,车主反映该车发电机充电指示灯常亮。

【故障诊断与排除】

1)首先检查发电机正极、蓄电池正极和负极、车身搭铁,均未发现松动或接触不良等现象。

2)进入发动机数据流 01-11-04 组,查看发电机数据流。怠速时电压为 12.1V;3000r/min 时电压为 13.5V;当发动机转速超过 3000r/min,电压最高只能达到 13.66V(图 5-20),正常应该达到 14.5V 左右,初步判断发电机存在异常。

3)拆下发电机进行检查,发现发电机的电刷磨损到极限,重新更换发电机电刷后,发电机充电指示灯恢复正常。

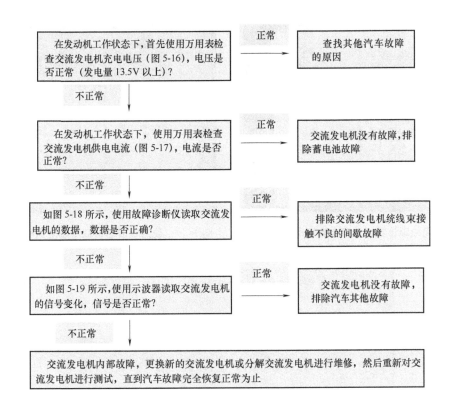

图 5-15　交流发电机数据流与波形诊断思路

图 5-16　使用万用表检查交流发电机充电电压

图 5-17　使用万用表检查交流发电机供电电流

2. 一汽大众迈腾无法起动

【故障现象】

一辆 2012 年款一汽大众迈腾 1.8TSI 轿车，车主反映该车无法起动。

【故障诊断与排除】

1）首先检测发现蓄电池没电，用跨接蓄电池起动汽车，然后测量蓄电池电压为 12V 左右。将前照灯打开电压在 11V 左右，说明发电机电压不足，测量发电机 B + 和蓄电池搭铁点电压也为 12V 左右。

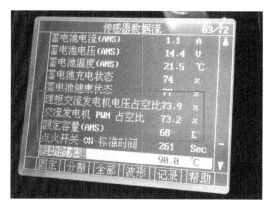 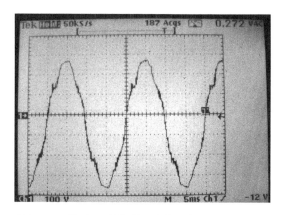

图 5-18　使用故障诊断仪读取交流发电机的数据　　图 5-19　使用示波器读取交流发电机的信号变化

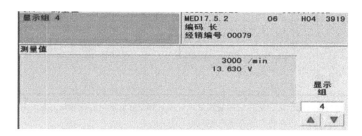

图 5-20　查看发电机数据流

2）使用 VAS5051 故障诊断仪进入 01-08-053-3 区读取发电机电压为 11.9V（图 5-21），说明发电机存在电压不足的异常情况。

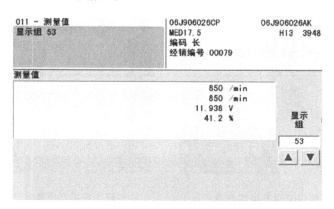

图 5-21　发电机电压过低

3）重新更换发电机，更换后电压在 14.5V 左右，汽车恢复正常。

3. 一汽大众迈腾发电机电压太高故障

【故障现象】

一辆 2012 年款一汽大众迈腾 1.8TSI 轿车，车主反映该车怠速时组合仪表正常，当发动机转速超过 3500r/min 组合仪表就会出现闪烁的现象。

【故障诊断与排除】

1）使用 VAS5051 故障诊断仪对组合仪表进行诊断，没有发现可疑的故障信息。

2）根据维修经验，组合仪表闪烁一般是由于发电机电压过高引起的，于是使用 VAS5051 故障诊断仪进入 01-08-053-3 区读取发电机电压，发现发电机的电压随发动机的转速升高而增大，当发动机转速达到 2500r/min 时，电压达到 16V（图 5-22），说明发电机的电压过高引起组合仪表异常。

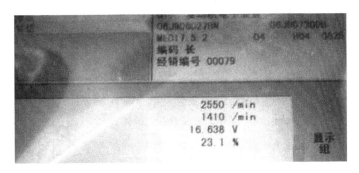

图 5-22　发电机电压过高

3）重新更换发电机后，故障现象消除，汽车恢复正常。

4. 长安铃木雨燕发电机电压不足

【故障现象】

一辆 2010 年款长安铃木雨燕 1.5L 轿车，行驶里程 10.7 万 km，车主反映该车起动困难。

【故障诊断与排除】

1）首先使用万用表检查蓄电池电压，发现电压只有 11.6V，说明蓄电池电量不足。于是用放电计进行测试，确认蓄电池良好。

2）起动发动机，然后使用万用表进行测量，电压只有 12.95V（标准值 13.5V 以上），说明发电机故障，需要拆下进一步检查。

3）如图 5-23 所示，拆开发电机后盖，取出电刷架发现电刷严重磨损，必须进行更换。

4）如图 5-24 所示，将发电机电枢轴上的炭粉用清洗剂清洁干净。

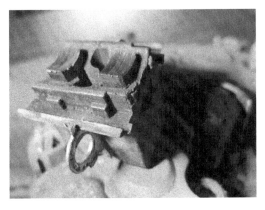

图 5-23　电刷严重磨损

图 5-24　清洁电枢轴

5）如图5-25所示，将电压调节器、新电刷架及后盖安装到发电机上，然后按照相反的顺序将发电机安装到汽车上。

图5-25　安装新电刷架

6）起动发动机，使用电压表测量发电机的电压，电压达到14.2V，发电机工作正常，并且经过多次的起动发动机，汽车正常工作，故障彻底排除。

参 考 文 献

[1] 焦志勇. 进口轿车故障诊断与排除实例精选 [M]. 北京：机械工业出版社，2003.
[2] 刘越琪. 发动机电控技术 [M]. 北京：机械工业出版社，2002.
[3] 邹德伟. 汽车发动机电控技术实用教程 [M]. 天津：天津大学出版社，2009.
[4] 班孝东. 汽车快修窍门点点通 [M]. 北京：国防工业出版社，2011.
[5] 赵良红. 汽车底盘电控技术 [M]. 北京：机械工业出版社，2002.
[6] 陈焕江. 汽车检测与诊断 [M]. 北京：机械工业出版社，2001.
[7] 皮治国. 丰田凯美瑞轿车维修一本通 [M]. 南京：江苏科学技术出版社，2010.
[8] 卢梦法. 轿车电控发动机自动变速器故障排除500例 [M]. 北京：机械工业出版社，2002.